장콩 선생님과 함께 묻고 답하는

한국사 카페 3

이 도서의 국립중앙도서관 출판예정도서목록(CIP)은 서지정보유통지원시스템 홈페이지
(http://seoji.nl.go.kr)와 국가자료공동목록시스템(http://www.nl.go.kr/kolisnet)에서
이용하실 수 있습니다. (CIP제어번호: CIP2017024061)

장콩 선생님과 함께 묻고 답하는

한국사 카페 ③

근대 사회 시작부터
현대 사회까지

장용준 글·서은경 그림

북멘토

처음 원고를 쓰기 시작한 이후, 이 책이 완성되기까지 3년여의 긴 시간이 필요했습니다. 덕분에 더 오래 더 여러 번 원고를 매만질 수 있었습니다.

이해하기 힘든 책은 아예 읽지 않으려는 요즘의 중·고등학생들에게 역사 교과서보다는 읽기 쉬운 역사책을 선물해 주고 싶었습니다. 다행히도 이해하기 쉬우면서도 책장이 술술 잘 넘어가는 그런 책으로 세상에 내보내지는 것 같아 저으기 안심이 됩니다.

지은이로서 이 책 『묻고 답하는 한국사 카페』는 이런 학생들에게 권합니다.

1. 역사 교과서가 너무 재미없다면서 한국사 공부를 일찍 포기해 버린 중·고등학생. 이런 학생들이 우리 역사를 쉽게 접할 수 있도록 중학교에서 사용하는 6종의 역사 교과서를 면밀히 분석하여 어려운 단어나 한자어를 최대한 풀어쓰고, 사건의 배경 및 전개 과정을 촘촘하게 풀어헤치며 문답식 입말체 문장으로 책을 엮었습니다.

2. 한국사 전체의 흐름을 파악하고 싶은데 잘 안 되는 학생. 이런 학생들을 위하여 선사 시대부터 현대까지 한국사 전 영역을 시대별·주제별로 나누어 서술했습니다. 따라서 '내가 지금 읽는 부분이 어느 시대인가', '어떤 주제를 살피고 있는가'를 먼저 파악하며 책을 읽는다면 한국사의 전체 흐름을 쉽게 파악할 수 있을 겁니다.

3. 역사를 배우는 목적에 맞게 한국사를 심도 깊이 제대로 공부하고 싶은 학생. 흔히들 '과거의 사실을 현재적 관점에서 재해석하여 미래의 삶에 보탬이 되기 위하여' 역사를 공부한다고 합니다. 분명 맞는 이야기입니다. 하지만 우리의 현실은 그리 녹록지 않습니다. 학생들은 시험 점수를 얻기 위해 단편적 사실만을 외우면서 역사가 수학보다 어렵다고 말하고는 합니다. 이렇게 공부하는 역사는 당연히 어려울 수밖에 없지요. 또한 암기 위주의 공부는 역사와 원수가 되는 지름길일 뿐입니다. 이

책은 단순히 과거 사실을 서술하기보다는 그러한 사실이 나오게 된 배경과 원인, 과정, 결과 그리고 그것이 지향했던 바에 대하여 자세히 설명하고 있습니다. 따라서 참다운 역사 공부에 목말라 있는 학생들의 갈증을 어느 정도는 해결해 줄 수 있을 것입니다.

이 책은 현행 중학교 역사 교과서 체제에 맞추어 엮어졌습니다. 다만 3권의 말미에 '역사를 위한 변명'이란 주제로 역사 교사로서 학생들에게 들려주고 싶은 이야기와 함께 '역사를 보는 눈'을 담았습니다. 책을 만들면서 이 주제를 넣어야 할까 고민했지만, 살아 있는 역사 교육은 우리 사회가 바른 길로 나아가는 데 도움을 주어야 하기에 청소년 독자에게 역사 공부의 필요성과 어떤 삶을 살 것인가를 제안하기 위해 에필로그 형식으로 역사 공부가 필요한 이유를 미주알고주알 적어 놓았습니다. 이 책이 출간되기까지의 과정은 물론이려니와 장콩 개인사까지 두루두루 써져 있으니, 가벼운 마음으로 살피면서 역사 공부가 필요한 이유를 스스로 진단해 보시기 바랍니다.

아무쪼록 이 책을 읽은 독자 여러분이 우리 역사와 쉽게 친해지면서 동시에 역사와 의미 있는 대화를 나눴으면 좋겠습니다.

장기간 여러 번 손을 보며 이 책을 세상에 내보내기까지 고생해 주신 북멘토 출판사 관계자들께 감사 인사 올립니다. 또한 이 책을 학교 현장에서 아이들을 가르치는 역사 교사의 시각으로 감수해 주신 세 분 선생님께도 고마움 가득 전합니다. 인천의 중학교에서 역사와 친구하고 있는 홍선희 선생님! 전남 고흥의 학교에서 열심히 교재 연구를 하고 계신 김영옥·백형대 선생님! 참으로 감사합니다.

변혁의 기운을 실감하는 나날입니다.

혁신의 향기와 함께 역사의 진한 여운이 독자 여러분의 마음속에 가득 차기를 기원합니다.

장콩 선생 장용준

차례

1 위기의 조선, 근대 국가 건설로 나아가다

01 흥선 대원군이 가슴속에 품은 야망은?　　　　　　10

02 강화도 조약으로 조선의 문은 열리는가?　　　　　24

03 흔들리는 조선, 개화냐 척사냐?　　　　　　　　　30

04 동학 농민 운동은 왜 일어났는가?　　　　　　　　42

05 갑오개혁의 내용과 한계는?　　　　　　　　　　　54

역사돋보기

해외에 떠도는 우리 문화유산은 얼마나 될까? • 21 ｜ 강화도 조약의 굴욕, 그 내용은? • 28 ｜
우리나라 국기 '태극기'가 탄생한 이야기 • 41 ｜ 동학 농민군을 이끈 세 명의 지도자 • 52 ｜ 갑
오개혁 추진으로 달라진 조선 사회 • 60

한눈에 정리

흥선 대원군의 고민과 선택은? • 23

2 국권을 지키기 위해 일어서다

06 을미년에 과연 무슨 일이 일어났을까?　　　　　　64

07 독립 협회가 만민 공동회를 개최한 까닭은?　　　　72

08 조선이 대한 제국으로 나라 이름을 바꾼 까닭은?　　82

09 을사조약 체결에 목숨 바쳐 저항한 까닭은?　　　　88

10 애국 계몽 운동은 어떻게 전개되었나?　　　　　　98

11 개화기에 들어온 신문물들은?　　　　　　　　　106

역사돋보기

민비는 누구인가? • 69 ｜ 서재필 다시 보기 • 81 ｜ 대한 제국 때 여학교의 생활 모습 • 86 ｜ 외
국인 기자 매켄지가 본 대한 제국의 의병들 • 96 ｜ 애국 계몽 운동기 때의 베스트셀러 • 105 ｜
이것이 한국 최초! • 113

한눈에 정리

삼국 간섭과 을미사변 • 71

3 우리 민족은 일제에 어떻게 대항했을까?

12 일제의 통치 방식이 세 번 변한 까닭은?   118

13 기미년 3월 1일, 대한 독립 만세!   128

14 1920년대 국내의 민족 운동은 어떻게 전개되었나?   134

15 중국과 만주에서 무장 투쟁을 전개한 까닭은?   139

16 민족 문화를 지키기 위한 노력은 어떻게 전개되었나?   151

역사돋보기

위안부 협상과 평화의 소녀상 • 127 | 독립 만세 운동에 참여한 제암리 사람들 • 133 | 이슈!
물산 장려 운동 • 138 | 청산리 전투의 영웅, 김좌진은 누구인가? • 150 | 우리의 독립 의지를
고취시킨 두 편의 시 • 157

4 대한민국 새로운 미래를 향해 나아가다

17 조국 광복은 어떻게 찾아왔는가?   162

18 대한민국 정부는 어떻게 수립되었는가?   169

19 일제의 잔재를 청산하기 위한 노력들은?   176

20 6·25 전쟁이 우리에게 남긴 상처는?   182

21 1960~70년대 우리나라는 어떤 변화를 겪었을까?   188

22 1980년대 이후의 우리나라는 어떤 변화 속에 살고 있나?   200

23 평화 통일을 위하여 무엇을 해야 하나?   212

역사돋보기

조국 광복을 맞이하던 날, 우리 민족은? • 168 | 대한민국 헌법 전문 • 175 | 세계 각국의 민족
배신자 처벌 • 180 | 6·25 전쟁! 아직도 아물지 않은 상처들 • 187 | 제4공화국 시절 금지곡이
된 노래들 • 199 | 제1공화국부터 문재인 정부 출범까지 • 210 | 6·15 남북 공동 선언 • 217

에필로그 역사를 위한 변명-역사 공부가 필요한 이유   218

머리말 4   한국사 연표 226   사진 출처 231   찾아보기 232

1

위기의 조선,
근대 국가 건설로
나아가다

01 흥선 대원군이 가슴속에 품은 야망은?

02 강화도 조약으로 조선의 문은 열리는가?

03 흔들리는 조선, 개화냐 척사냐?

04 동학 농민 운동은 왜 일어났는가?

05 갑오개혁의 내용과 한계는?

1863	흥선 대원군이 집권을 시작하다.
1866	제너럴 셔먼호 사건이 발생하다. 병인양요가 발발하다.
1868	오페르트의 도굴 사건이 일어나다.
1871	신미양요가 발발하다. 척화비를 건립하다.
1873	흥선 대원군이 하야하다.
1875	운요호 사건이 일어나다.
1876	일본과 강화도 조약을 체결하다. 1차 수신사 파견이 이루어지다.
1880	2차 수신사 파견이 이루어지다. 통리기무아문과 12사가 설치되다.
1881	조사 시찰단을 파견하다. 별기군 창설하다. 영선사를 파견하다.
1882	조·미 수호 통상 조약을 체결하다. 임오군란이 일어나다. 제물포 조약을 체결하다.
1883	기기창, 박문국, 전환국을 설립하다.
1884	갑신정변이 일어나다.
1885	한성 조약을 체결하다. 영국, 거문도를 불법 점령하다.
1889	함경도에 방곡령을 선포하다.
1894	동학 농민 운동이 일어나다. 갑오개혁을 시행하다.

01 흥선 대원군이
가슴속에 품은 **야망은?**

□ 왕의 아버지가 나라를 다스린다고요? □ 당시 조선의 현실은 어떠했나요?

□ 흥선 대원군은 조선 말기 어떻게 개혁을 이끌었나요?

□ 왜 경복궁을 다시 짓기로 했나요? □ 흥선 대원군은 왜 서양 세력을 배척했나요?

□ 통상 수교 거부 정책으로 조선이 얻은 것과 잃은 것은?

□ 왕의 아버지가 나라를 다스린다고요?

흥선 대원군(1820~1898)

조선의 역사에서 왕의 아버지가 왕을 대신하여 나라를 다스린 적이 있어.

흥선 대원군?

그래 맞아. 그는 1863년부터 1873년까지 무려 10년 동안을 왕 대신 나라를 다스렸어.

'대원군大院君'은 왕의 아버지를 말해. 임금이 대를 이을 아들이 없이 죽을 경우에는 왕족들 중에서 왕위를 계승할 인물을 선택해야 했어. 이러한 경우에 새 왕의 친아버지를 '대원군'이라 불렀지.

우리는 대원군 하면 흥선 대원군만 떠올리지만, 조선 시대에만도 대원군은 3명이나 있었어. 선조의 아버지가 덕흥 대원군이었고, 철종의 아버지는 전계 대원군이었지. 그러나 선조와 철종의 아버지는 아들이 왕이 되기 전에 세상을 떠났어. 따라서 역사에 이름을 크게 남길 수 없었지. 오직 흥선 대원군만이 살아생전에 아들이 왕이 되었기에 역사에 뚜렷한 발자국을 남길 수 있었어. 다음은 흥선 대원군이 조선의 권력을 장악하게 된 배경이야.

흥선군이 권력을 잡기 전 조선은 안동 김씨가 세도를 부리던 시절로, 왕족이라 하더라도 안동 김씨 세력의 눈 밖에 나면 최하 귀양살이를 각오해야 할 정도로 안동 김씨 가문이 잘 나가던 시기였어. 이러한 시절에 흥선군은 살아남기 위하여 거리를 떠도는 부랑자처럼 초라한 삶을 살아야 했어. 왕족이 왜 그래야 했냐고? 그렇게라도 해야 안동 김씨의 감시망에서 벗어날 수 있었기 때문이지. 당시 사람들이 흥선군을 '상갓집 개'라 부르며 멸시했다고 하니, 살아남기 위한 그의 몸부림이 얼마나 처절했는지를 알 수 있지.

하지만 흥선군의 마음속에는 항시 야망이 숨어 있었어. 세도를 부리는 사람들의 눈에 띄지 않기 위해서 자신의 영특함을 숨기고 상갓집 개처럼 허접하게 살았지만, 마음속에는 안동 김씨 중심의 세도 정치를 끝장내고 왕실의 위엄을 다시 세우고야 말겠다는 굳은 의지가 담겨 있었어.

그런 흥선군에게 드디어 기회가 찾아왔어. 1863년 철종이 뒤를 이을 아들이 없이 죽자, 당시 왕실의 최고 어른인 신정 왕후 조대비는 전격적으로 흥선군의 둘째 아들 명복을 새 왕으로 지명했어. 명복의 나이 12살 때야. 그러면서 조대비는 새 왕이 정치를 직접 할 수 있는 나이가 될 때까지 아버지인 흥선군에게 나랏일을 대신 맡으라고 했어. 이러한 까닭으로 조선 역사상 처음이자 마지막으로 아버지가 왕인 아들 대신에 나라를 다스린 섭정* 시대가 펼쳐지게 된 거야.

섭정 왕이 어려서 즉위하거나 병 또는 그 밖의 사정이 생겼을 때 왕을 대리하여 국가의 통치권을 맡아 나라를 다스리는 일 또는 그 사람.

☐ 당시 조선의 현실은 어떠했나요?

흥선 대원군이 집권할 무렵인 1860년대 초반은 여러 면에서 나라가 혼란스러웠어.

　안으로는 60여 년간 계속되어 온 세도 정치로 왕권이 약할 대로 약해져 있었으며, 정치 기강도 엉망이었어. 양반 지주들의 농민 수탈은 도가 지나칠 정도로 심했고 농민들의 삶은 뼈가 부서지도록 일을 해도 늘 곤궁하기만 했어. 이러한 사회 현실 속에서 경주 사람 최제우는 '사람이 곧 하늘이다^{인내천}'라고 주장하며 동학을 창시하여 농민들 속으로 빠르게 파고들었어. 외래 종교인 천주교도 평등사상을 앞세워 급속히 교세를 확장하고 있었고.

　한편, 서양 여러 나라들의 선박^{이양선}들은 조선 정부의 통상 수교 거부 정책에도 불구하고 수시로 해안가에 출몰하여 통상을 요구하며 조선 사람들의 마음을 불안하게 만들었어.

□ 흥선 대원군은 조선 말기 어떻게 개혁을 이끌었나요?

　흥선 대원군은 세도 정치로 흐트러졌던 정치 기강을 바로잡고 백성들의 생활을 안정시키기 위하여 여러 가지 개혁 정책을 내놓았는데, 비변사의 개혁부터 시작했어. 비변사는 16세기 초반 삼포왜란[●]이 일어났을 때, 변방에서 일어나는 크고 작은 외적들의 침입을 효과적으로 대응하기 위하여 만든 임시 기구야. 그런데 임진왜란을 거치면서 비변사의 힘이 점차 강해지더니 급기야는 군사 문제뿐만 아니라 국가의 모든 일을 전담하는 거대 기구로 성장했어. 세도 정치기 때였어. 세도 가문들은 이 기구를 거점으로 정치를 독점하며 부정부패를 일삼았어.

　흥선 대원군은 비변사를 그대로 놔두고는 개혁이 성공할 수 없다고 생각했어. 그래서 비변사를 폐지하여 행정은 의정부로, 군사는 삼군부로 분할시켜 두 기구를 자신의 통제하에 두고 개혁을 추진해 나갔어.

　또한 흥선 대원군은 19세기 초반부터 무려 60여 년 동안 세도를 부

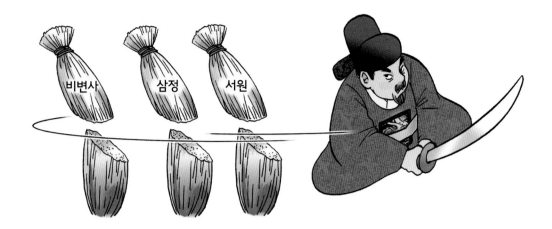

렸던 안동 김씨 세력을 쫓아내고 능력 있는 사람을 관리로 임명하여
정치 기강을 바로 세웠어.

　서원의 정리도 흥선 대원군이 강력하게 추진한 개혁 정책이었어.
조선 시대의 중등학교라고 할 수 있는 서원은 세도 정치기 때 부정부
패의 온상으로 전락하여 백성들의 원성이 자자했어. 서원은 조선 시
대 유학자들의 학문적, 정치적 공간이었기에 서원을 없앤다는 것은
강력한 왕권을 가진 왕이라도 쉽게 단행할 수 없었어. 그러나 흥선 대
원군은 전국에 있던 수많은 서원 중에서 47개소만 남기고 나머지를
깡그리 없애 버렸어. 유학자들의 반발은 없었냐고? 물론 유학을 자신
의 목숨보다 소중히 여긴 양반 유생들은 반발했지. 하지만 그는 "백성
을 해치는 자는 공자가 다시 살아난다 해도 내가 용서하지 못한다. 서
원은 지금 도적떼의 소굴이 되어 버렸다."라고 하면서 부패한 서원들
을 과감히 정리해 버렸어.

　또 흥선 대원군은 삼정을 개혁해 백성들의 삶을 안정시키려고 노력했
어. 삼정은 조선 후기 국가 재정의 핵심을 이루었던 세 가지 세금 제도인
전정·군정·환곡을 말해. 세도 정치기에는 관리들의 비리와 수탈로 삼정
의 문란이 심했고, 백성들의 삶은 비참하기 그지없었어. 흥선 대원군은
이 제도의 개혁이 없이는 백성들의 삶이 안정될 수 없다고 판단했지. 그

래서 삼정의 문란을 시정하기 위한 여러 가지 개혁 정책을 내놓았어.

그는 우선 전정의 문란을 개선하기 위해서 양전 사업을 벌였어. '양전'은 전국의 토지를 일제히 조사하는 사업으로, 양반들이 세금을 내지 않기 위하여 관청 몰래 숨겨 놓은 땅을 모두 찾아내서 공평하게 세금을 물렸지.

문란해진 군정을 개선하는 방안으로는 '호포제戶布制'를 시행했어. 18세기 영조 때 균역법이 실시된 이후로 16세에서 60세에 해당하는 일반 남자들은 의무적으로 군포 1필을 국가에 납부해야 했어. 그런데 세도 정치기의 농민들은 중앙의 세도 가문과 결탁한 지방 관리들의 횡포로 자기가 부담해야 할 군포의 몇 배를 관청에 내고 있었어. 이러한 폐단을 시정하기 위하여 흥선 대원군은 각 집을 단위로 군포를 내게 하는 호포제를 시행하고자 했어. 양반들의 반발? 당연히 있었지. 왜냐고? 자기들도 군포를 내야 했기 때문이지. 하지만 흥선 대원군은 백성들의 생활을 안정시키는 데 꼭 필요한 제도라고 하면서 호포제를 끝까지 밀어붙였어. 그 결과는? 양반들의 불만은 팽배했지만 농민들의 생활은 전에 비해 한결 나아졌지.

환곡은 가난한 사람들이 춘궁기 때 굶어 죽는 것을 방지하기 위하여 국가에서 운영한 빈민 구제 정책이야. 각 고을의 관청에서 빈민 구제용 곡물을 비축해 두고 이를 춘궁기 때 필요한 사람에게 빌려 준 뒤, 추수가 끝난 가을에 약간의 이자곡을 덧붙여서 되돌려 받는 제도였지. 그런데 세도 정치기의 부패한 관리들은 어려운 사람들을 위해 만든 제도인 환곡마저도 자신들의 잇속을 챙기는 데 이용하여 농민들을 못살게 굴었어. 흥선 대원군은 이러한 폐단을 시정하기 위하여 관청에서 운영하던 환곡제를 없애고 지역의 유력자가 중심이 되어 공동으로 운영하는 사창제를 실시했어.

이외에도 흥선 대원군은 『대전회통』, 『육전조례』와 같은 법전을 편찬하여 통치 규범을 재정비하였어. 또한 사회적으로 널리 퍼져 있던 사치 풍조를 없애기 위하여 화려한 장식을 금지하고 비단옷을 입지 못하게 하는 등 흐트러진 사회 기강을 바로잡기 위하여 개혁 정책을 강하게 추진해 나갔어.

□ 왜 경복궁을 다시 짓기로 했나요?

땅에 떨어진 왕실의 권위를 바로 세우기 위하여 흥선 대원군은 경복궁을 다시 짓기로 마음먹었어. 조선의 중심 궁궐이었던 경복궁은 임진왜란 때 불타 버렸는데, 다시 짓는다는 것이 워낙 큰 사업이라 어느 왕도 선뜻 나서지 못했어. 그러나 흥선 대원군은 나라가 바로 서려면 왕실의 권위가 바로 서야 하고 그러기 위해서는 경복궁을 다시 세워야 한다고 생각했지. 그래서 경복궁을 다시 짓기로 결정했어.

하지만 이 사업은 흥선 대원군의 의도와는 다르게 왕실의 위엄 회복

경복궁 태조 이성계가 1394년에 짓기 시작하여 이듬해 완공했다. 그 후 임진왜란 때 불타 없어졌는데, 흥선 대원군이 왕실의 위엄을 높이기 위하여 1865년 다시 짓기 시작하여 1872년 완공하였다.

은 고사하고 자신의 정권만 위태롭게 만들고 말았어. 왜냐고? 경복궁을 새로 짓는 데 엄청난 돈이 필요했고, 흥선 대원군은 '원납전'이라는 기부금을 거두어 부족한 경비를 해결하려고 했어. 그런데 이게 탈이 났지. 기부금은 원래 내고 싶은 사람만 내는 돈이야. 그럼에도 불구하고 흥선 대원군은 이 돈을 반강제적으로 거두어들였어. 오죽했으면 사람들은 원해서 내는 돈이란 의미를 가진 '원납전願納錢'을 원성을 사는 돈이란 뜻의 '원납전怨納錢'으로 고쳐 부르며 기부금 징수를 비난했겠어. 그뿐만 아니라 흥선 대원군은 부족한 경복궁 중건 경비를 마련하기 위하여 당시 사용하던 화폐인 상평통보보다 100배 가치를 지닌 당백전●도 발행했어. 그러나 이 돈 또한 당시의 금융 질서를 무너뜨리며 사회 혼란만 부추기고 말았어. 6개월 동안 1,600만 냥의 당백전을 발행하였는데, 짧은 기간에 많은 돈이 시중에 나돌자 화폐 가치가 떨어져서 쌀값이 6배나 올라갈 정도로 물가가 치솟는 등 그 폐해가 심했어. 요즘 경제 용어로 인플레이션이 발생한 것이지.

여기에 백성들은 경복궁 중건 사업에 반강제로 동원되어 힘든 일을 울며 겨자 먹기로 해야 했으며, 건물의 기둥에 쓰일 큰 나무들을 양반들의 묘지 주변에서 강제로 베어다 사용했어. 그 바람에 경복궁 중건 사업은 양반을 비롯한 모든 사람들에게 원성의 대상이 되면서 흥선 대원군의 인기를 땅에 떨어지게 만들었지.

결국 경복궁 중건 사업은 왕실의 위엄을 높인다는 명분으로 강하게 추진되었지만, 수많은 안티 세력을 만들어 내며 국가 재정 악화의 원인이 되었고, 흥선 대원군의 정치 생명만 단축시키고 말았어.

□ 흥선 대원군은 왜 서양 세력을 배척했나요?

흥선 대원군의 대외 정책은 '서양 세력과는 일체 교역을 하지 않는

당백전 경복궁 중건으로 인한 재정적 궁핍을 해결하기 위하여 흥선 대원군이 발행한 화폐. 법정 가치는 상평통보의 백 배였지만 실제 가치는 이에 크게 미치지 못하여 화폐 가치의 폭락을 가져왔다. 고종 4년(1867)에 단종되었다.

다'였어. 그러나 이 정책으로 조선은 서양 세력과 '양요洋擾'라고 하는 작은 전쟁을 두 번이나 치러야 했어.

1866년에 일어난 병인양요는 프랑스의 침략에 맞선 싸움이야. 흥선 대원군이 집권할 무렵, 국내 각지에서 프랑스 선교사들이 비밀리에 천주교를 보급하고 있었어. 흥선 대원군은 집권 초기에 천주교의 포교 활동에 비교적 관대하여 국내에 있던 프랑스 선교사를 통해 프랑스 정부의 도움을 받아 러시아의 남하南下를 막을 생각까지 했어. 하지만 프랑스 측의 비협조로 이 구상은 실현되지 못했고, 자신의 집인 운현궁에 '천주교 사람들이 드나든다'는 소문만 나돌자 천주교 탄압에 적극적으로 나섰어.

1866년 2월과 3월에 흥선 대원군의 지시로 프랑스 선교사 9명과 수많은 천주교도들이 체포되어 처형되었지. 이를 '병인박해'라고 해. 청을 비롯한 동아시아를 새로운 시장 개척지로 보고 호시탐탐 노리고 있던 프랑스에게 이 사건은 조선을 침략할 수 있는 좋은 구실을 제공해 주었어. 프랑스 정부는 박해를 일으킨 책임자 처벌을 요구하며 수교를 맺자고 재촉했어. 조선 정부의 반응은? 단칼에 거절해 버렸어.

1866년 9월에 프랑스의 극동함대 사령관 로즈 제독이 군함 7척과 천여 명의 군사를 이끌고 강화도로 쳐들어왔어병인양요. 양국 군대는 한양으로 들어가는 길목인 강화도와 김포 일대에서 치열하게 싸움을 벌였지. 한성근이 이끄는 부대는 문수산성경기 김포에서, 양헌수가 이끄는 부대는 정족산성경기 강화도에서 각각 프랑스군을 격퇴시켰어. 프랑스군은 조선군의 격렬한 저항에 부딪쳐서 별 성과 없이 되돌아가야 했어. 전혀 성과가 없었냐고? 그건 아니야. 당시 강화도에는 왕립 도서관 규장각의 분원인 외규장각*이 있었는데, 프랑스군은 이곳을 침입하여 왕실 의궤를 포함해 각종 서적들을 약탈해 갔지. 이때 가져간 우리 책이 프랑스 국립 도서관에 장기간 보관되어 있다가 145년간의 기나긴 유랑

외규장각 조선 정조 때 강화도에 두었던 규장각의 부속 도서관. 의궤와 같은 왕실 관련 서적을 보관하였으나 병인양요 때 의궤를 포함한 수많은 도서를 약탈당했다.

외규장각 의궤 귀환 환영 행사
2010년 강화 고려궁지 내 외규장각으로 의궤를 실은 가마가 이동하는 모습이다.

생활을 마치고 우리 정부의 노력으로 2011년에야 우리 품에 돌아올 수 있었어.

1868년에는 흥선 대원군의 통상 수교 거부 의지를 더욱 굳힌 사건이 발생했어. 독일 상인 오페르트가 흥선 대원군의 아버지 남연군의 무덤을 도굴하려고 했지. 이 사건은 흥선 대원군뿐만 아니라 조상 모시기를 자신의 생명보다 더 중시했던 조선 사람 모두에게 큰 충격을 주었으며, 머릿속에 오랑캐인 서양 사람들과는 절대 통상할 수 없다는 의지를 심어 주었어.

1871년에는 미국과 전쟁을 치렀어^{신미양요}. 싸움의 원인은 1866년으로 거슬러 올라가. 미국의 무역선인 제너럴 셔먼호가 병인양요¹⁸⁶⁶가 있기 직전에 대동강을 타고 거슬러 올라가 평양에서 통상을 요구했어. 이때 평양의 관리들은 외국과의 통상은 나라에서 금지하고 있으니 교역을 할 수 없다고 하면서 속히 물러가라고 말했지. 그러나 미국 상인들은 조선 관리의 말을 무시한 채, 육지에 상륙하여 약탈까지 자행했어. 이에 화가 난 평양 사람들이 제너럴 셔먼호를 공격하여 불살라 버렸어. 미국 정부는 이 사실을 한동안 모르고 있다가, 한참이 지난 후에야 조선 땅에서 자기 나라 사람들이 죽었다는 사실을 알게 되었어. 미국 정부는 이 사건의 피해 배상과 통상 체결을 요구하며 5척의 군함과 1,200명의 군사를 조선 땅에 보냈어. 조선의 대응은? 이때도 흥선 대원군은 미국의 통상 요구를 단호하게 거부하며 전쟁을 선택했어. 미군이 강화도로 쳐들어왔지만 어재연 장군이 이끄는 조선군이 광성보에서 치열

어재연 장군 수자기(帥字旗)
깃발의 중앙에 '장수 수(帥)'자가 있어서 '수자기'라고도 하는 장군기는 조선 군대의 지휘관을 상징하는 깃발이다. 사진 속의 '수자기'는 신미양요 때 미군 손에 넘어가 미국 해군사관학교 박물관에 보관되다가 2007년 10월에 장기 대여 형식으로 우리나라에 반환되었다.

한 전투 끝에 미국의 전력을 약화시켜 미군 스스로 물러나게 만들었어. 이를 신미양요라고 해.

이때 참전하여 조선군과 전투를 벌였던 한 미군은 다음과 같은 기록을 남겨 조선군의 용맹함을 칭송했어.

조선의 군사들은 용감하였다. 그들은 항복을 아예 몰랐다. 무기를 잃은 자는 죽음을 각오하고 맨손으로 싸웠으며, 부상자는 돌이나 흙을 집어던지며 저항하였다. 나중에 전투가 불리해지자 잡히지 않으려고 바다에 몸을 던지거나 스스로 목숨을 끊었다.

□ 통상 수교 거부 정책으로 조선이 얻은 것과 잃은 것은?

흥선 대원군은 신미양요를 치른 후에 통상 수교 거부 정책을 백성에게 알리기 위하여 전국 각지에 '양이침범 비전즉화 주화매국洋夷侵犯 非戰則和 主和賣國'이라고 새겨 넣은 척화비를 세웠어. 한자로 써진 비석의 내용을 해석하면, '서양 오랑캐가 쳐들어올 때 싸우지 않으면 화친을 하

척화비 신미양요 이후 통상 수교 거부 의지를 다지기 위해 전국 각지의 교통의 요지에 세웠다.

는 것이니, 화친을 하는 것은 곧 나라를 팔아먹는 일'이라는 뜻이야. 조선 정부는 이 비석을 병인양요가 끝난 후에 만들기 시작하여 신미양요 직후에 사람들이 빈번히 다니는 전국의 포구나 도로변에 세웠어.

척화비로 상징되는 흥선 대원군의 통상 수교 거부 정책은 외세의 침탈을 적극적으로 막으려 한 자주적 의지가 담긴 정책이야. 그러나 이 정책은 당시 세계정세로 보았을 때, 시대에 뒤떨어진 구태의연한 정책이라고 평가할 수도 있어. 주변 국가인 청이 근대화 운동을 추진한 것이나 일본이 본격적으로 서구화를 추진하던 시기에 조선만이 서양과 통상을 거부하여 조선의 근대화는 주변의 다른 나라보다 뒤처지게 되었지. 따라서 통상 수교 거부 정책은 조선의 자주성을 보여 주는 정책임과 동시에 조선의 근대화를 주변 국가보다 뒤처지게 만든 빛과 그림자를 동시에 가진 정책이라고 할 수 있어.

해외에 떠도는 우리 문화유산은 얼마나 될까?

우리나라에서 문화유산을 관리하는 곳은 문화재청이야. 이곳의 조사에 의하면, 2016년 기준으로 해외에 있는 우리 문화재는 164,454점 정도야. 일본에 71,375점, 미국 45,234점, 영국 7,909점, 독일 10,904점, 러시아 5,303점, 프랑스 2,896점, 중국 9,806점 등 우리가 생각했던 것보다 훨씬 많은 문화재가 해외를 떠돌고 있어.

이들 문화유산은 임진왜란과 병인양요, 6·25 전쟁 등 각종 전쟁과 일제 강점기, 미군정기와 같은 사회적 혼란기에 유출된 것으로, 국보나 보물급에 해당하는 우수한 문화유산이 상당수 포함되어 있어서 우리의 가슴을 서글프게 하고 있지.

그래도 다행인 것은 우리 정부는 물론이려니와 민간 단체와 기업에서도 해외로 유출된 우리 문화유산의 환수에 꾸준한 관심을 가지고 있어서 비록 적은 수량이지만 국외에 있던 문화유산들이 하나씩 하나씩 귀국하고 있어. 외교적 노력으로 돌려받거나 장기 대여 형식으로 들어오기도 하고 돈을 주고 사 오기도 하지.

최근에는 독일 오틸리엔 수도원에서 100년 가까이 보관하고 있던 전라북도 익산 지역의 조선 후기 호적 대장으로 추정되는 자료가 여러 단체들의 공동 노력 속에 환수되기도 했어.

〈**수월관음도**〉 관음보살을 주제로 그린 화려하고 섬세한 고려 시대의 불화이다. 일본 규슈의 가가미 신사에 소장되어 있다. '수월관음도'는 고려 시대 불화를 대표하는 그림이지만, 안타깝게도 국내보다는 국외에 전해지는 것이 많다.

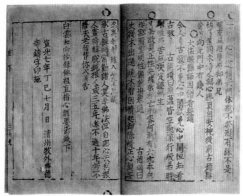

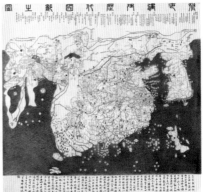

『**직지심체요절**』 고려 말기(1377)에 금속 활자를 사용하여 만든 불경으로, '세계 최초의 금속 활자본'이다. 현재 프랑스 국립 도서관에 소장되어 있다.

혼일강리역대국도지도 우리나라 최초의 세계 지도로 조선 초기(1402)에 제작된 것이다. 현재 원본은 없고 이 지도를 보고 그대로 다시 그린 필사본이 일본 교토의 류코쿠대학 도서관에 소장되어 있다.

〈**몽유도원도**〉 조선 전기를 대표하는 화가 안견이 그린 산수화로 현재 일본의 덴리대학 중앙 도서관에 소장되어 있다.

흥선 대원군의 고민과 선택은?

상갓집 개?
그건 속임수였지.
야망을 이루려면
그 정도 쯤이야~

왕이 대리인이 된 그는 이렇게 이야기합니다.

세도 정치를 끝장내기
위해 무엇이든 할 것이다.
비변사를 약화시키고

서원 개혁을
단행하고
삼정의 문란을
시정한다.

그런 그가 요즘
고민이 있다고
합니다.

실추된 왕실 권위를 위해
경복궁을 중건하려고 하는데
다들 내 맘 같지 않군.

원납전 강제 징수로 원성을
제대로 사고 있는 중

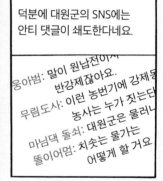

덕분에 대원군의 SNS에는
안티 댓글이 쇄도한다네요.

응아범: 말이 원납전이지
반강제잖아요.
무림도사: 이런 농번기에 강제동
농사는 누가 짓는단
마님댁 돌쇠: 대원군은 물러나
똘이어멈: 치솟는 물가는
어떻게 할 거요

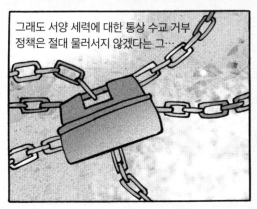

그래도 서양 세력에 대한 통상 수교 거부
정책은 절대 물러서지 않겠다는 그…

그의 고민은
오늘도 계속되고
있습니다.

개혁!
할까? 말까?

강화도 조약으로
조선의 문은 열리는가?

□ 흥선 대원군은 왜 자리에서 물러났나요?
□ 흥선 대원군이 물러난 뒤에 무엇이 바뀌었나요?
□ 강화도 조약이 불평등 조약이라면서요?

□ 흥선 대원군은 왜 자리에서 물러났나요?

흥선 대원군의 통상 수교 거부 정책은 성리학을 절대적으로 신봉했던 양반들의 열렬한 지지를 받으며 전개되었어. 그러나 아이러니하게도 흥선 대원군은 그들의 요구로 정치의 일선에서 물러나야 했어.

양반들은 흥선 대원군의 국내 정책에 불만이 많았어. 그들은 호포제 실시와 서원 철폐 그리고 경복궁 중건에 따른 원납전의 반강제적 징수, 조상들을 모신 묘지 주변의 우람한 나무들을 베어 간 것에 크게 반발했어.

흥선 대원군의 독단적 장기 집권에 염증을 느낀 최익현을 비롯한 유학자들은 "임금이 20대가 되었으니 나랏일을 직접 해야 한다."는 상소를 계속 올렸어. 결국 고종은 유생들의 여론을 등에 업고 직접 정치를 하겠다고 선포했으며, 흥선 대원군은 여론에 떠밀려 고종에게 정권을 물려주고 집권 10년 만에 정계에서 물러나야 했어[1873].

마마~ 제가 책임지고 물러나겠사옵니다.

고종

원납전 징수

경복궁 중건

당백전 발행

□ 흥선 대원군이 물러난 뒤에 무엇이 바뀌었나요?

고종이 직접 정치를 하면서 외교 정책에 변화의 기운이 감돌기 시작했어. 조선 후기 북학파의 맥을 이어받은 박규수, 오경석, 유홍기 등이 흥선 대원군 집권 시절부터 외국과의 통상을 강조하더니, 고종이 직접 나랏일을 챙기기 시작한 이후에는 목소리 톤을 더 높였어. 고종 또한 개화를 하고자 하는 마음이 어느 정도는 있었기 때문에 이를 주도하는 세력들의 주장에 귀를 기울였지.

이러한 때에 일본은 조선의 외교 정책에 변화가 생기고 있음을 눈치채고 이를 기회로 조선의 문을 열고자 운요호 사건을 일으켰어[1875]. 운요호는 일본의 군함인데, 조선의 해안을 측량한다는 구실로 강화도까지 접근해 왔어. 국적 불명의 배가 아무런 예고도 없이 다가오자 강화도 남쪽에 있는 요새인 초지진에서는 접근하지 말 것을 경고했지. 그러나 운요호는 초지진을 지키던 조선 수군의 경고를 못 들은 척하면서 더 가까이 접근해 왔고, 자위권 차원에서 군인들은 포를 쏘아 운요호의 접근을 막으려 했어.

일본이 조선의 허락을 받지 않고 군함을 앞세워 조선 땅에 들어온 것 자체가 명백한 불법 행위이므로 초지진 군인들의 대응은 정당한 것이었어. 그러나 일본은 자신들의 잘못은 쏙 빼고 포를 쏜 것만 문제 삼으며 조선에 통상 조약을 맺을 것을 강요해 왔어.

이처럼 불법으로 다른 나라에 군함을 보내 문제를 일으켜서 자신들의 뜻을 관철시키는 외교 정책을 '포함 외교'라고 해. 사실

운요호 1875년 9월 20일 강화도에 불법 침입한 일본의 군함이다.

일본도 미국에 개항할 때, '포함 외교'의 술수에 당했어. 1853년 미국의 페리 제독이 군함 4척을 가지고 일본에 와서 다짜고짜 대포를 쏘며 무력시위를 벌여 통상 조약을 맺었거든. 일본에서는 이것을 '흑선黑船 사건'이라 하는데, 일본은 이 사건을 모방하여 운요호 사건을 일으킨 거야.

□ 강화도 조약이 불평등 조약이라면서요?

운요호 사건을 핑계 삼아 일본은 강화도 앞바다에 군함을 보내 무력시위를 하면서 막무가내로 통상 조약을 맺자고 했어. 이때 조선 정부는 일본의 행위를 야만적이고 침략적이라고 비난하면서 그들과 대화하기를 거부했지. 그러나 일부 관리들은 문호를 개방하여 서양의 과학 기술을 받아들이는 게 나라 발전에 도움이 된다고 하면서 차라리 이번 기회에 일본과 조약을 체결하여 근대화에 적극적으로 나서자고 주장했어. 물론 개항을 반대하는 세력에 비해 개항을 주장하는 세력의 수는 극히 적었지.

결론은? 개화에 대해 긍정적인 생각을 갖고 있던 고종은 이들의 주장을 받아들여 일본과 조약 체결에 나섰어. 신헌을 대표로 하는 사절단이 강화도로 파견되어 일본 대표와 조약을 체결했지. 1876년에 맺은 이 조약을 강화도 조약조·일수호조규이라고 해.

강화도 조약은 국제법에 따라 조선과 일본이 대등한 주권 국가의 입장에서 체결한 우리나라 최초의 근대적 조약이야. 하지만 이 조약은 일본의 무력 행위에 굴복하여 반강제적으로 맺은 조약이었고, 조약 내용 또한 조선에게 지극히 불리한 불평등 조약이었어.

강화도 조약이 얼마나 불평등했냐 하면 조선은 일본 사람들이 무역할 수 있는 항구를 일본의 요구대로 열어 줘야 했으며, 그곳에 일본인들이 거주하는 공간까지 마련해 줘야 했어. 또한 조선에 들어오는 일본인 모두에게 치외 법권[●]을 인정해 주어 그들이 조선 땅에서 범죄 행위를 하더라도 조선 법에 따라 처벌할 수가 없게 되었어. 여기에 일본은 조선의 해안을 측량할 수 있는 권한을 인정받아 조선 바다를 자유롭게 드나들며 수심을 재는 일과 더불어 첩보 활동까지 할 수 있었지.

그런데 말이야, 조선이 최초의 근대적 조약을 이처럼 일방적으로 불리하게 체결한 이유는 무엇 때문이었을까? 당시 조선의 조정이 근대적 조약 체결에 무지하여 근대화 과정에 있던 일본의 술수에 넘어갔기 때문이야. 조선에 이익되는 일은 없었냐고? 찾으면 있긴 있어. 조선은 강화도 조약의 체결 이후 서구 열강들에게도 문호를 개방하여 세계사의 흐름에 합류하며 근대화의 길을 걷게 되는 성과를 거두었어.

치외 법권 외국인이 자신이 머물고 있는 국가의 법률과 규칙을 따르지 않아도 되는 권리. 현재는 국제기구 직원이나 외교관에게만 일정 부분 인정되고 있다.

강화도 조약의 굴욕, 그 내용은?

다음은 강화도 조약의 여러 내용 중 조선 조정의 무지로 인해 포함된 대표적인 조항들이야.

제1관 조선국은 자주국으로 일본국과 평등한 권리를 갖는다.

⇨ 문구 그대로 해석하면, 일본이 조선을 자주국으로 인정한 것처럼 보이지만, 그 내면에는 청나라의 간섭을 최소화하여 조선 침략을 쉽게 하기 위한 일본의 검은 속셈이 들어 있어.

제5관 경기·충청·전라·경상·함경 5도 연해 중에서 통상에 편리한 항구 두 곳을 택하여 지정한다.

⇨ 이 조항에 근거하여 이미 개항되어 있던 부산 이외에 원산과 인천을 개항장으로 내주게 되어 일본의 조선 침탈이 속도를 낼 수 있었지.

1879년 2월 3일 강화도 조약 체결 당시의 모습을 그린 그림으로, 전권대신 신헌과 특명전권판리대신 구로다 기요타카를 포함한 조선 관리들과 일본 관리들의 모습이 그려져 있다.

제7관 조선국 연해의 도서(嶼)와 암초는 이제까지 조사를 하지 않아 지극히 위험하다. 일본국 항해자가 자유로이 해안을 측량하도록 허가하며, 위치와 깊이를 상세히 조사하여 지도를 만들어 양국 선객들이 위험을 피하고 안전을 도모할 수 있게 한다.

⇨ 일본에게 조선의 해안을 자유롭게 항해하며 정탐할 수 있는 근거를 만들어 주었어.

제10관 일본국 인민이 조선국 지정의 각 항구에 머무는 동안에 죄를 범한 것이 조선국 인민에 관계되는 사건일 때에는 모두 일본국 관원이 심판할 것이다. 만약 조선국 인민이 죄를 범한 것이 일본국 인민과 교섭할 때 일어나면 조선 관원이 조사할 것이다. 단 각각 그 국법으로 심판하되, 조금도 비호함이 없이 공평하도록 해야 한다.

⇨ 조선 땅 안에서 일본인이 범죄를 저지르더라도 조선의 법으로 처벌하지 못하도록 한 조항으로 조선의 자주권을 크게 손상시켰어.

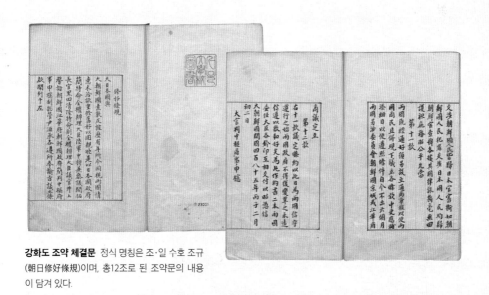

강화도 조약 체결문 정식 명칭은 조·일 수호 조규(朝日修好條規)이며, 총12조로 된 조약문의 내용이 담겨 있다.

03

흔들리는 조선,
개화냐 척사냐?

☐ 개화, 어떻게 무르익어 갔나요? ☐ 위정척사 운동은 무엇인가요?
☐ 임오군란은 왜 일어났나요? ☐ 갑신정변, 왜 삼일천하인가요?
☐ 백성들의 살림살이는 좋아졌나요?

☐ 개화, 어떻게 무르익어 갔나요?

강화도 조약이 체결된 뒤에 조선 정부는 서양의 근대 문물을 받아들이는 개화 정책을 추진하기 시작했어. 조약을 체결한 직후에 김기수가 이끄는 사절단이 일본을 방문하여 근대화된 모습을 살피고 돌아왔지. 이 사절단을 '수신사'라고 해.

하지만 조선 정부의 개화 정책이 개항 초기부터 신속하게 진행된 것은 결코 아니었어. 당시 조선의 많은 관리들은 강화도 조약을 '일본과 전쟁을 피하기 위한 부득이한 수단' 정도로 생각했고, 여론을 주도하고 있던 최익현과 같은 보수 유생들은 '일본은 서양 오랑캐들과 같은 놈들이므로 절대 교역해서는 안 된다왜양일체론'며 정부의 개화 정책 추진에 사사건건 제동을 걸었어. 따라서 개항 이후 초기의 개화 정책은 아주 느리게 천천히 진행되었지.

그럼 언제부터 개화가 속도를 내기 시작했냐고? 1880년대로 접어들면서부터였어. 1880년 6월에 김홍집이 이끄는 2차 수신사가 일본에 파견되어 일본의 발전된 모습을 살피고 돌아왔고, 12월에는 개화 정책을 전담하는 기구인 통리기무아문과 12사를 설치하여 개화 정책을 주도하게 했어. 1881년 4월에는 일본의 발전된 문물과 제도를 살피고 올 조사 시찰단을 개화파 위주로 비밀리에 파견하기도 했어. 왜 몰래 보냈냐고? 개항 후 백성들의 반일 감정이 높았기 때문이지. 조사 시찰단은 4개월 동안 일본에 머물면서 근대화된 일본의 정치, 군사, 교육, 과학 기술 등을 조사하고 돌아왔어.

수신사 일행 1867년 제1차 수신사 일행의 모습. 김기수를 비롯한 76명이 2개월 동안 파견되어 일본의 선진 문물을 살피고 왔다.

고종이 조사 시찰단의 귀국 보고를 받는 자리에서 물었어.

"일본의 제도가 굉장하고 나라가 부강해졌다는데 정말로 그러하더냐?"

조사 시찰단의 일원으로 일본을 다녀온 홍영식이 말했어.

"그렇습니다. 문물이 발전하고 나라가 부강해졌습니다."

이후 개화 정책 추진은 한층 열기를 더해 갔어. 1881년 5월에 중앙군인 5군영을 2영_{무위영, 장어영}으로 통합하여 구식 군대라 칭하고, 서양식 군사 훈련을 받는 신식 군대인 별기군을 창설했어. 1881년 9월에는 청나라의 발전상을 살피기 위해 김윤식이 이끄는 영선사가 청으로 출발했어. 영선사에는 기술자 38명이 포함되어 있었는데, 이들은 청나라의 근대식 무기 제조 공장인 톈진 기기국에서 무기 제조 기술을 배우고 돌아와 기기창을 설치하여 근대식 무기를 직접 만들었어. 기구 설치 효과는? 별로였어. 왜냐고? 조선의 기술자들이 서구의 근대식 무기에 대한 식견과 이해력이 부족하여 조선의 국방력 강화에 도움을 줄 만한 일들을 진행하지 못했어.

한편 기기창이 설립되었던 1883년에는 박문국과 전환국도 설치되었어. 박문국은 근대식 인쇄소로, 이곳에서 우리나라 최초의 신문인 『한성순보』를 열흘에 한 번씩 발행하여 정부의 개화 정책을 적극적으로 홍보했어. 전환국은 근대식 화폐를 제조하기 위해 설립한 기구였고.

외교 면에서도 다양한 노력이 전개되었어. 불평등하게 체결된 강화도 조약을 개정하기 위하여 힘썼고, 청나라와 대등한 입장에서 관계를 맺으려는 시도도 있었어. 또한 미국, 영국, 독일, 러시아, 프랑스 등 서양 국가와도 수교를 맺어 1880년대에 조선은 완전히 개방된 국가로 변해 갔어.

여기서 질문 하나! 조선 정부가 1880년대로 접어들며 개화 정책 추진에 적극성을 띤 이유는 무엇 때문일까? 그 이유는 첫째, 나라의 문호를 개방한 이후에 주변 국가의 발전상을 직접 목격하면서 가만히 앉아만 있다가는 큰일이 나겠다는 위기의식을 가졌기 때문이야. 둘째는 1880년대로 접어들면서 개화를 주장하는 사람들의 목소리가 조금씩 올라가며 개화 정책 추진 여론이 전에 비해 힘을 얻었기 때문이야.

즉, 초기 개화 사상가라고 할 수 있는 박규수, 오경석, 유홍기 등은 흥선 대원군이 집권하던 시절부터 줄곧 '서구 열강의 통상 요구를 무조건 거부만 하다가는 비극적 상황에 처할 수 있다'고 하면서 나라의 문을 활짝 열어 더 늦기 전에 서구 여러 나라들과 빨리빨리 통교해야 한다고 주장했어. 이들의 주장은 흥선 대원군 집권기에는 수용되지 않았지만, 고종의 등장과 함께 강화도 조약 체결에 도움을 주었으며, 김옥균·박영효·홍영식과 같은 젊은 양반들의 사상 형성에 영향을 끼쳐서 이들을 개화 정책의 주역으로 성장시켰지.

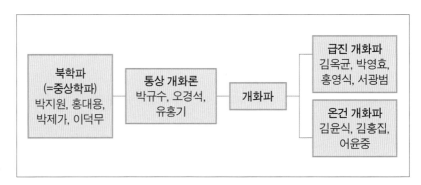

개화파 계보도

□ 위정척사 운동은 무엇인가요?

조선 정부가 추진하는 개화 정책에 반대하는 세력도 물론 있었어. 많은 유생들은 일본을 서양 세력과 동일시하여 오랑캐라 여기며, 그들과 교역하는 것을 반대하는 운동을 펼쳤어. 이러한 운동을 '위정척사 운동'이라고 해. 위정척사衛正斥邪란? '바른 것正을 지키고衛, 사악한 것邪을 배척斥한다'는 뜻이야.

이 운동의 뿌리는 상당히 깊어. 1860년대 서양 선박들이 조선 해안가에 출몰하여 통상을 요구해 왔을 때, 많은 유생들이 서양 세력과의 교역에 반대했어. 1870년대에는 일본의 개항 요구에 최익현을 비롯한 유생들이 일본 놈들이나 서양 놈들은 모두 한통속이라는 '왜양일체론'을 내세우며 개항 반대 운동을 전개하기도 했지.

흥선 대원군이 물러나는 데 결정적인 역할을 한 보수파 유생의 우두머리 최익현은 정부가 강화도 조약을 체결하려 하자, 이에 결사적으로 반대하며 '일본과 조약을 맺으려면 자신의 목을 도끼로 먼저 치고 하라'는 의미에서 허리춤에 도끼를 차고 대궐 앞에서 항의 농성을 벌이기도 했어. 하지만 강화도 조약은 끝내 체결되었고, 정부는 개화 정책을 본격적으로 추진해 나갔어.

위정척사파들은 가만히 있었냐고? 그건 물론 아니지. 위정척사파들은 개화 정책 추진을 중단시키기 위하여 정책 추진의 부당성을 호소하는 상소를 여러 차례 올리며 항의 시위를 지속했지.

대표적인 척사 운동은? 영남 만인소 사건. 1880년에 수신사로 일본에 갔던 김홍집이 『조선책략』을 가져오자 영남 유생 이만손은 뜻을 같이 하는 유생들을 모아 정부의 개화 정책 중단과 개화파 인사들의 처단을 요구하는 상소를 올렸어. 이 운동이 위정척사 운동의 대표적 사례라 할 수 있어.

『조선책략』 청나라 외교관 황쭌셴(黃遵憲, 황준헌)이 쓴 책으로 조선은 청, 일본, 미국과 힘을 합하여 러시아의 남하에 대비해야 한다고 적혀 있다. 이 책은 조선의 개화 정책 추신과 미국과의 수교에 도움을 주었지만, 한편으로는 위정척사 운동을 격화시키는 발단이 되기도 했다.

1880년대 초반의 조선은 이처럼 개화를 추진하는 세력과 이를 막고자 하는 위정척사파의 대립으로 한시도 편한 날이 없었어. 그러나 개화의 흐름은 이제 누구도 거스를 수 없는 도도한 물결이었어.

□ 임오군란은 왜 일어났나요?

별기군 1881년 오군영에서 군인 80명을 선발하여 창설한 신식 군대이다. 신식 무기를 지급받고, 일본인 교관에게 신식 군사 훈련을 받았으나 임오군란으로 폐지되었다.

민비(1851~1895) 고종의 정비. 을미사변 때 일본의 낭인들에 의해 궁궐 내에서 살해되었다. 국호가 대한 제국으로 변경되며 명성 황후로 추존되었다.

1882년에 발생한 임오군란은 구식 군인들이 일으킨 봉기야. 개화 정책이 추진되는 과정에서 구식 군대인 2영의 군사들은 신식 군대인 별기군에 비하여 매우 차별적인 대우를 받았어. 봉기가 일어나기 직전까지 구식 군대의 군인들은 1년 이상 급여를 지급받지 못하여 불만이 쌓일 대로 쌓여 있었어. 이들의 불만을 무마하기 위하여 정부는 서둘러 구식 군인들에게 미지급된 급여의 일부를 지급했지.

그런데 문제는 지급한 쌀에 모래와 쌀겨가 절반 정도씩 섞여 있었어. 구식 군인들은 한순간에 폭발하고 말았지. 그들은 평소에 미워하던 정부의 고관들을 죽이고 일본 공사관을 불태웠으며, 별기군을 훈련시키기 위해 들어와 있던 일본인 교관까지 죽였어. 이때 민비*도 신변의 위험을 느껴 몰래 궁궐을 빠져나와 충청도까지 도망을 갔지.

전해 오는 이야기에 의하면, 민비는 이때 살아남기 위하여 신하에게 뺨까지 맞는 수모를 당했다고 해. 봉기를 일으킨 군인들이 여러 무리들과 합세하여 민비를 죽이려고 궁궐로 쳐들어갔는데, 위기에 처한 민비가 궁녀로 변장을 하고 궁궐 밖으로 빠져나가려고 했대. 하지만 군인들이 먼저 들이닥쳐서 이러지도 저러지도 못 하고 망연자실한 채 넋을 잃고 서 있었는데, 갑자기 한 무관이 민비에게 다가서서 뺨을 냅다 후려치며 소리를 질렀어.

"야, 이것아! 세상이 어수선한데 아직도 여기서 얼쩡거리고 있느냐!"

그러고는 얼이 빠진 민비를 잽싸게 들쳐 업고 여동생인데 얼른 집에 데려다 놔야겠다고 하며 서둘러 궁궐 밖으로 빠져나갔어. 민비를 죽이기 위해 그곳에 와 있던 많은 사람들은 무관이 저지른 깜짝 쇼에 모두 속아 넘어가고 말았지. 이렇게 해서 절체절명의 위기를 넘긴 민비는 간신히 서울을 빠져나와 충주 장호원으로 숨어들어 목숨을 구할 수 있었다고 해.

무관의 이름은 홍계훈으로, 그는 나중에 다시 민비가 정권을 잡자 고속 승진을 거듭하여 민비의 측근으로 활약하다가 을미사변* 때 일본 낭인의 칼에 죽고 말았어. 민비의 입장에서 보면 홍계훈은 만고의 충신이었지.

을미사변(1895) 민비가 일본 낭인의 칼에 죽은 사건으로, 홍계훈은 민비를 끝까지 보호하다가 살해당했다.

임오군란으로 조정이 뒤집어지자, 고종은 자신의 힘으로는 도저히 사태를 진정시킬 수 없다고 판단하여 어쩔 수 없이 뒷전에 물러나 있던 흥선 대원군에게 뒷수습을 부탁했어. 다시 정권을 잡은 흥선 대원군은 개화 정책 추진의 핵심 기구였던 통리기무아문을 폐지하고 개혁을 중단함으로써 흥분한 구식 군인들을 달래려 했어.

결과는? 청나라의 개입으로 흥선 대원군은 자신의 의도대로 일을 진행할 수 없었어. 조선에서 영향력을 확대할 기회만 엿보고 있던 청나라는 군대를 파견하여 군란을 진압하고 흥선 대원군을 주동자로 지목하여 자기 나라로 끌고 가 버렸지. 임오군란은 결국 실패로 끝났고 민비 일파가 다시 정권을 잡게 되었어.

한편 조선은 이를 계기로 청의 내정 간섭을 심하게 받아야 했어. 또한 자기들이 입은 피해에 대한 배상금을 지불하라는 일본의 압력 때문에 제물포^{인천}에서 조약을 체결^{제물포 조약}하여 막대한 배상금을 일본에 물어 줘야 했고, 공사관 보호를 명분으로 한 일본 군대의 주둔을 허용해야 했어.

□ 갑신정변, 왜 삼일천하인가요?

임오군란의 실패 이후 조선의 개화파는 두 부류로 나뉘어 있었는데, 양측은 개화에 대한 생각이 상당 부분 달랐어. 김윤식과 김홍집으로 대표되는 온건 개화파는 강자가 약자를 사정없이 잡아먹는 생존 경쟁이 치열한 국제 정세 속에서 살아남기 위해서는 청나라의 도움을 받아 조심스럽게 차근차근 개화를 추진해야 한다고 생각했어. 그래서 그들은 청나라의 양무운동●처럼 서양의 기술 문명만 받아들이는 온건한 방법의 개화 정책을 추진하려 했지.

반면에 김옥균, 박영효와 같은 사람들은 청의 내정 간섭에서 벗어나 자주독립 국가를 건설하는 것이 조선이 궁극적으로 추구해야 할 목표이며, 이를 위해서는 일본의 도움 속에 적극적인 개화 정책을 추진해야 한다고 주장했어. 따라서 이들은 일본의 메이지 유신처럼 서구의 문물뿐만 아니라 제도와 정신도 적극적으로 받아들여 조선을 완전히 서구식으로 탈바꿈시키려 했지. 이들을 급진 개화파 또는 개화당이라 했어.

임오군란 이후, 조선 정부는 온건 개화파가 주도하며 청나라의 양무운동식 개혁을 추진해 나갔어. 이에 급진 개화파는 혁명을 꿈꾸기 시작했어.

때마침 급진 개화파에게 기회가 찾아왔어. 베트남에서 청과 프랑스 사이에 전쟁이 일어나자 청은 조선에 파견했던 군대의 절반을 베트남 전쟁에 보냈어. 청의 군대가 줄어들자, 김옥균을 비롯한 급진 개화 세력은 일본 공사로부터 정변에 필요한 재정적·군사적 지원을 약속 받은 다음, 이를 철저히 믿고 우정국 개국 축하연을 이용하여 정변을 일으켰어. 1884년에 일어난 이 사건이 '갑신정변'이야.

양무운동 청나라의 근대화 운동. 일본의 메이지 유신이 제도와 문물까지 서구식으로 개혁하려고 했다면, 청의 양무운동은 서양의 기술 문명만 수용하려 했다.

갑신정변이 일어난 우정국(왼쪽)과 정변을 일으킨 주역들(오른쪽). 사진 왼쪽부터 박영효, 서광범, 서재필, 김옥균.

정변을 성공시킨 이후 급진 개화파는 고종의 승인하에 새 정부를 구성하고 혁신적인 개혁안을 발표했어. 14개조의 개혁 정강을 만들어 조선의 자주권 확립 및 문벌 타파, 조세 제도 개혁 등을 추진했지. 그러나 난을 일으킨 지 3일 만에 청군의 개입으로 정변은 실패하고 말았어.

갑신정변의 의미는? 근대 국민 국가 건설을 지향한 우리나라 근대화 운동의 선구였어. 개혁 내용도 조세 제도의 개혁이나 탐관오리 처벌, 문벌 폐지, 평등과 같이 일반 백성들의 입장을 반영한 참신한 것이었어.

그런데 왜 실패? 갑신정변의 주역들이 미처 생각하지 못한 게 있었어. 백성의 지지를 얻지 못한 소수 상층부 지식인 위주의 개혁은 성공하기 어렵다는 점이야. 그들은 개화에 대한 백성의 지지는 고려하지 않고 일본의 힘에만 의지하여 무력으로 자신들의 뜻을 관철하려 했어. 청군이 개입했더라도 많은 백성들이 지지했다면, 갑신정변은 성공할 수도 있었을 거야. 하지만 정변의 주역들은 일본의 후원만 믿고 거사에 나섰다가 청의 반격을 받아 실패하고 말았어.

정변 실패 결과는? 홍영식과 김옥균을 비롯한 정변의 주역들은 죽임을 당하거나 나라를 떠나야 했지. 이제 조선 정부 내에서 적극적으로 개혁을 주장하는 세력은 씨가 말라 버렸어.

청국과 일본에게 미친 영향은? 청나라는 조선을 도와준 대가를 톡톡히 받아 내려 했지. 청의 내정 간섭은 이전보다 훨씬 심해졌어. 일본은 일본 공사관이 불탄 것과 일본인이 사망한 대가로 조선 정부와 한성 조약을 체결하여 막대한 배상금을 받아 냈어.

갑신정변을 계기로 청과 일본도 조약을 맺었지텐진 조약. 이 조약에서 청·일 양국은 조선에 주둔하고 있는 군대를 동시에 철수하되, 장차 조선에 군대를 보낼 필요가 있을 때는 사전에 먼저 상대국에게 통보할 것을 약속했어. 이 조약 내용은 후일 청·일 전쟁1894이 일어나는 빌미가 되었지.

갑신정변 14개조 개혁 정강의 주요 내용

○ 청에 잡혀 간 대원군을 돌아오게 하고, 청에 바치던 조공을 없앤다.

○ 모든 인민은 평등한 권리를 가지며, 관리는 문벌에 관계없이 능력에 따라 뽑는다.

○ 세금 제도를 개혁하여 백성을 평안하게 하고 국가 재정을 넉넉하게 한다.

○ 부정부패한 관리는 처벌한다.

○ 급히 순사를 두어 도둑을 막는다.

○ 모든 국가 재정은 호조에서 일괄하여 관리한다.

□ 백성들의 살림살이는 좋아졌나요?

일본과 강화도 조약을 맺어 문호를 개방한 이후, 조선에는 다양한 서양 물건들이 쏟아져 들어왔어. 개항 초기에 가장 인기를 끈 서양 상품은 일본 상인들이 가지고 온 영국산 값싼 면제품^{옥양목}이었어. 당시 조선에서는 아녀자들이 낮에는 들일을 하고 밤에 베틀 앞에서 날밤을 새며 손으로 옷감을 짰어. 하지만 산업 혁명에 성공한 영국은 방적 기계를 이용하여 면 옷감을 대량으로 생산하여 세계 각국에 팔았어. 일본 상인들은 상하이나 마카오의 영국 상인들에게서 면제품을 대량으로 구매해 조선 사람들에게 팔아 막대한 이득을 남겼지.

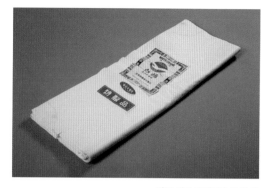

광복 이후 우리나라 자체 기술로 생산한 옥양목. 수작업으로 짰던 옷감에 비하여 튼튼하고 색이 하얗기 때문에 선호했다.

옥양목을 본 조선 사람들은 깜짝 놀랐어. 조선의 누리끼리한 무명천에 비해 옥양목의 색이 너무 하얗고 투명한 거야. '옥양목玉洋木'이 푸른 옥처럼 푸르스름한 기운이 감돌 정도로 새하얀 빛깔을 가지고 있어서 붙여진 이름이니, 서양 면 옷감을 바라보는 조선 사람들의 눈이 어떠했는지를 안 보고도 미루어 짐작할 수 있지.

현실이 이러하니 일본 상인들이 대량으로 가지고 들어오는 영국산 면제품은 날개 돋친 듯이 팔렸어. 그 결과는? 영국산 면제품이 많이 팔리면 팔릴수록 조선의 수공업은 점점 더 위축되었고 농민들의 삶은 한층 곤궁해졌어.

개화기에 바다를 건너 들어온 서양 물건은 옥양목만이 아니었어. 성냥과 남포등, 석유가 소개되었으며 비누와 양잿물도 이때 들어온 대표적인 서양 상품이야.

일본 상인들은 조선 사람들이 신기해하는 서양 물건들을 가지고 들어와 조선에서 쌀과 콩을 비롯한 곡물과 쇠가죽, 금으로 교환해 갔어. 위정척사파의 거두였던 최익현이 강화도 조약의 체결에 반대할 때 주장했던 근거 중의 하나가 "공장에서 무한정으로 만들 수 있는 서양 물건을 파는 일본과 통교를 하면, 우리는 결국 땅에서 생산되는 쌀과 같

왼쪽부터 괘종시계, 남포등,
성냥, 담배갑, 석유 가게 간판.

은 곡물과 교환을 해야 되는데 그러다 보면 나라 경제가 무너질 수 있다"는 거였어. 당시 조선의 농촌 현실에서 보면, 상당히 타당한 지적이었지. 조선의 경제는 자급자족의 경제 구조였고 1년 동안 뼈 빠지게 일해서 농사를 지어도 춘궁기 때는 많은 사람들이 굶어 죽던 시절이었어. 이러한 시기에 쌀과 같은 곡물이 바다 밖으로 빠져나가면 국내의 곡물 가격은 상승할 것이고, 그 피해는 고스란히 어렵게 살던 일반 농민들의 몫이 될 수밖에 없었지.

똥구멍 찢어지게 가난했던 농민들은 지주들이나 외국 상인들에게 돈을 빌려 하루하루 곤궁한 삶을 살아야 했고, 돈을 갚지 못하면 자신의 땅을 모두 빼앗기고 지주의 땅을 소작하거나 깊은 산속으로 들어가 화전을 일구며 살아야 했어. 또한 고향 산천을 떠나 만주나 연해주로 이주하여 고단한 삶을 살거나 도시로 나가 일용직 노동자로 날품을 팔면서 하루하루를 근근이 버텨야 했어.

우리나라 국기 '태극기'가 탄생한 이야기

1882년 8월 9일, 박영효가 이끄는 조선의 사절단은 임오군란으로 일본이 당한 피해를 사과하기 위하여 메이지마루호를 타고 일본으로 가고 있었어. 이때 박영효 일행은 배 안에서 우리나라를 상징하는 국기가 없음을 애석하게 여겨 사각 깃발 가운데에 음양을 상징하는 청색과 붉은 색의 태극 원을 그리고 모서리 부분에 동서남북을 상징하는 4괘를 넣은 국기를 도안했어.

이 국기를 배가 일본의 고베항에 도착한 8월 14일, 사절단 일행이 묵는 숙소에 처음으로 내걸었지. 정부 대표에 의해 공개적으로 태극기가 세상에 선을 보인 순간이었어. 이듬해인 1883년 1월 27일, 조선 정부는 이때 사용한 국기를 나라를 상징하는 정식 국기로 공포하였어. 그 후 지금까지 여러 번 디자인이 변경되어 현재의 태극기로 정착되었어.

1884년에 제작된 태극기.

1890년경 고종 황제가 조선 정부의 외교 고문인 데니에게 하사한 태극기.

대한민국 임시 정부 주석 김구가 1941년 미국에 있는 한인 교포들에게 보낸 친필 서명 태극기.

1950년 6·25 전쟁에 참여한 학도병 서명 태극기.

04

동학 농민 운동은
왜 일어났는가?

□ 갑신정변 이후 조선의 상황은요? □ 동학이 왜 농민의 등불이 되었나요?
□ 동학 농민군이 반외세를 외친 까닭은 무엇인가요?
□ 농민군의 요구는 잘 지켜졌나요? □ 동학 농민 운동은 어떤 성과를 남겼을까요?

□ 갑신정변 이후 조선의 상황은요?

갑신정변의 물줄기를 바꾸는 데 크게 기여했던 청은 내정 간섭을 한층 심하게 했어. 조선 정부는 청의 간섭에 어쩔 수 없이 응했지만, 너무 지나치자 염증이 났어. 조선은 청을 견제하기 위하여 미국과 우호 관계를 강화하려 했어. 그러나 미국은 별로 관심을 두지 않았고 조선 정부는 방향을 틀어 러시아와 친하게 지내 청을 견제하려 했어.

러시아는 얼지 않는 항구를 확보하기 위하여 남하 정책을 추진하고 있었기에 조선 정부의 방침에 즉각 반응했어. 조선과 통상 조약을 맺은 러시아는 함경도 경흥 땅을 조차*했고 베베르를 조선 공사로 파견하여 조선 정부 안에 친러 세력을 만들기 시작했어. 하지만 러시아의 급격한 세력 확대는 청은 물론이고 세계 각지에서 러시아와 대립하고 있던 영국까지 긴장시켰어.

영국은 조선과 급격히 가까워지는 러시아를 견제하기 위하여 거문도전남 여수를 불법으로 점령했지. 1885년에 벌어진 이 사건을 '거문도 사건'이라고 해.

조선 정부는 영국의 거문도 불법 점령에 강하게 항의했어. 그러나 영국은 러시아의 남하를 저지해야 한다는 구실을 대며 무려 2년 동안

조차 특별한 합의에 따라 한 나라가 다른 나라 영토의 일부를 빌려 일정 기간 동안 사용하는 것

이나 군대를 거문도에 주둔시켰어.

　이처럼 조선 정부가 열강들의 틈바구니 속에서 몸을 가누지 못하고 있을 때에 독일인 외교관 부들러는 차라리 한반도를 중립국으로 만들자고 했으며, 개화파인 유길준도 열강이 보장하는 한반도 중립국론을 주장했어. 하지만 말이야, 이 주장은 안타깝게도 당시 정세에서 소수 의견에 불과하여 그저 지나가는 이야기로 끝나고 말았어.

　한편, 갑신정변으로 조선에서 정치적 영향력을 상실한 일본은 경제 침탈에 적극 나섰어. 임오군란 전까지 조선의 무역은 일본 상인들이 거의 독점했어. 그러나 임오군란 이후 조선과 청나라가 조·청 상민 수륙 무역 장정●을 맺으면서 청나라 상인들이 조선 땅으로 대거 몰려와서 장사를 시작했어. 그 결과 조선의 상품 시장은 일본 상인과 청나라 상인이 서로 경쟁하는 각축장이 되고 말았어. '고래 싸움에 새우 등 터진'다더니, 청·일 양국 상인들의 경쟁 속에 조선의 상인과 농민만 죽어났

조·청 상민 수륙 무역 장정
청나라 상인들이 조선 땅에서 할 수 있는 상업 활동의 범위를 정한 조약.

방곡령 선포 지역과 무역 현황

어. 농민들은 왜 피해를 입었냐고? 생각해 봐. 일본 상인들이 공산품을 들고 와서 조선에서 바꿔 간 것이 무엇이었겠어? 당연히 곡물이었겠지. 그런데 당시 조선은 자급자족의 경제 구조였고, 일본이나 청나라 상인이 곡식을 가지고 가 버리면 굶어 죽는 사람이 생기게 돼. 또 곡물이 부족해 가격이 올라가면, 못 사는 사람들은 뼈 빠지게 일해도 하루 먹을 곡식조차 사기 힘들어져. 상황이 이러하니, 청·일 양국 상인의 경쟁으로 조선의 농촌은 더욱 피폐해져 갔던 거지.

1889년에는 방곡령 사건이 발생했어. 함경도 지방에 흉년이 들어 관내의 곡식이 절대적으로 부족하자, 함경도 관찰사[●] 조병식은 '방곡령'을 내렸어. 방곡령은 흉년이 들어 식량이 부족할 경우에 곡물의 유출을 금지하는 제도야. 조병식은 "극심한 흉년으로 고을 사람들이 다 굶주려 죽게 생겼는데, 함경도 곡물이 일본으로 모두 넘어가는 것을 용납할 수 없다."라고 하며 도내 곡물의 관외 유출을 금지시켰어. 그러나 일본은 방곡령을 선포하려면, 조·일 통상 장정[●] 규정에 따라 '한 달 전에 미리 일본에 알려 줘야 하는데, 조선은 그러하지 않았다'며 방곡령을 철회하게 만들었지. 거기에 일본의 거센 항의로 조선 정부는 거금 11만 원까지 일본에 배상해 주어야 했다.

관찰사 현재 대한민국 직제로 보면 '도지사'에 해당하는 관리.

조·일 통상 장정 1883년 조선과 일본 양국 간 교역에 관해 맺은 규정. 이 조약의 37조에 "만약 조선국이 자연재해나 변란으로 국내의 양곡이 부족해질 염려가 있어서 조선 정부가 잠정적으로 양곡 수출을 금지하려고 할 때에는 그 시기보다 1개월 앞서 지방관이 일본 영사관에 알리고 또 일본 영사관은 그 시기보다 앞서서 각 개항장의 일본인 상인에게 알려 일률적으로 준수하게 한다."고 되어 있었다.

□ 동학이 왜 농민의 등불이 되었나요?

개항 이후 근대 문물을 수용하는 과정에서 들어가는 각종 경비와 일본에 지불해야 하는 배상금 때문에 국가 재정은 날이 갈수록 악화되었어. 조선 정부는 재정 궁핍을 해결하기 위하여 다양한 대책을 수립해야 했는데, 겨우 생각해 낸 방법이 백성들이 내는 세금을 대폭 올려서 손쉽게 이 문제를 해결하려는 것이었어.

한편 일본 상인들은 방방곡곡을 돌아다니며 싼값으로 곡물을 사들여 일본으로 반출해 가 조선의 농촌 경제를 황폐화시켰어. 이러한 현실에서 동학은 지칠 대로 지친 농민들에게 한줄기 빛이 되어 주었어.

경주 출신의 몰락 양반이었던 최제우가 1860년에 창시한 동학은 '사람이 곧 하늘이다'라는 인내천 사상을 바탕으로 만든 종교였고, '인내천'에는 평등 의식이 담겨 있어. 왕을 정점으로 소수의 양반 계층이 다수의 평민과 천민을 지배하는 신분제 사회인 조선에서 평등 의식을 지닌 동학의 교리는 당시 사람들에게 새로운 희망을 심어 주었어. 그렇기 때문에 농민들은 동학의 교리를 더욱 따르게 된 거야.

그런데 조선 정부는 왜 동학을 탄압했을까? 곰곰이 생각해 봐. 동학의 교리는 양반 중심의 사회 질서를 뒤흔들 가능성이 짙었어. 그러니 선뜻 인정할 수 없어서 백성들을 현혹시키는 나쁜 종교로 규정하여 동학의 창시자 최제우를 처형하고 포교 행위 자체를 금지시켰어. 하지만 말이야 동학의 불길은 꺼지기는커녕 시간이 흐를수록 활활 불타올랐어. 2대 교주 최시형을 중심으로 충청도, 전라도 지방까지 교세를 확장하며, 기본 교리를 정리한 『동경대전』과 『용담유사』를 간행하여 체계적인 종교로 발전시켜 갔지.

1890년대에 들어서면서 동학은 경상도, 충청도, 전라도

최시형(1827~1898) 동학의 제2대 교주. 정부의 동학 탄압에 대항하여 교조 신원 운동을 주도했다.

의 농촌 지역에 확고하게 뿌리를 내렸고 동학교도들은 1892년부터 포교의 자유를 인정해 줄 것을 요구하는 동학 합법화 운동을 줄기차게 벌였어. 이를 '교조 신원 운동教祖伸寃運動'이라고 해. 억울하게 죽은 동학의 창시자 최제우의 누명을 벗겨 달라는 청원 운동이었지. 이게 왜 합법화 운동이냐고? 잠시만 생각해 봐. 조선 정부가 최제우를 죽인 것은 동학을 인정하지 않겠다는 단호한 표현이었는데, 최제우의 죄를 풀어 준다는 것은 결국 동학을 합법적인 종교로 인정한다는 이야기나 다름없었지.

동학교도들은 전라도 삼례 땅에 모여 교조 신원 운동을 펴다가, 더 확대하기 위하여 지도급 인사 40여 명이 서울로 올라가 경복궁 앞에서 다시 신원 운동을 벌였어. 정부의 반응은? 동학의 요구를 철저히 무시했어. 이에 동학교도 3만여 명은 2대 교주 최시형이 있는 충청도 보은 땅에 모여 대규모 집회를 다시 열었어. 이 모임에서 동학교도들은 신앙의 자유와 함께 외세 배척과 부패한 관리의 처벌까지 주장했어.

□ 동학 농민군이 반외세를 외친 까닭은 무엇인가요?

동학 농민 운동은 전라도 땅 고부에서 시작된 농민 봉기가 발단이었어. 고부 땅은 농토가 기름지고 해산물이 풍부하여 사람 살기가 좋은 곳이야. 그런데 1892년에 고부 군수로 부임한 조병갑의 횡포로 백성들의 살림살이가 아주 나빠졌어. 이에 전봉준은 1894년 1월에 천여 명의 농민들을 이끌고 고부 관아를 습격하여 횡포한 군수를 쫓아내고 관리들을 벌준 후에 곡식 창고를 풀어 어렵게 살던 농민들에게 나누어 주었어. 그뿐만 아니라 감옥 문을 열어 억울하게 갇혀 있던 사람들도 죄다 풀어 주었어.

고부에서 농민 봉기가 일어났다는 보고를 들은 정부는 깜짝 놀라 조

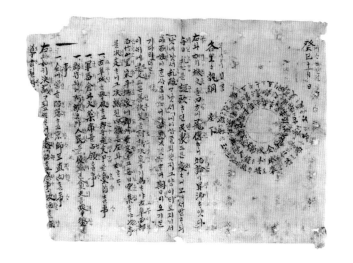

병갑을 대신할 새로운 군수를 임명해 내려 보냈으며, 봉기가 일어난 원인을 파악하기 위하여 조사관안핵사을 고부로 급히 보냈어. 신임 군수는 농민들에게 바른 행정을 펼치겠다고 약속했고, 이 말을 믿은 농민들은 무장을 풀고 해산했어. 그런데 안핵사가 문제였어. 사건을 조사하러 온 안핵사 이용태가 봉기의 책임을 농민들에게 모두 돌리며 주동자를 색출하여 옥에 가두어 버렸어. 이때 전봉준도 옥에 갇혔는데, 그는 극적으로 탈출하여 동학 교단의 지도자였던 김개남, 손화중과 손을 잡고 '제폭구민●', '보국안민●'을 구호로 본격적인 투쟁을 시작했어.

　전봉준이 정부와 싸움을 시작하며 전라도 부안 땅에 있는 백산으로 사람들을 불러 모으자, 목숨을 걸고 달려온 농민들이 8천여 명에 달했으며 그 기세가 하늘을 찌를 듯했어. 백산에 모여든 사람들의 모습이 서 있을 때는 입고 있는 흰 옷 때문에 산 전체가 흰색으로 보였고, 앉아 있으면 머리 위로 솟은 대나무 창 때문에 대나무 산으로 보였다고 해. 그래서 '앉으면 죽산, 서면 백산'이라는 이야기까지 나왔지.

　동학 지도부는 백산에서 다음과 같은 격문을 발표하고 정부를 상대로 투쟁에 들어갔어.

제폭구민　除暴救民. 포악한 것을 물리치고 백성들을 구제한다.

보국안민　輔國安民. 나랏일을 돕고 백성들을 편안하게 한다.

우리가 의로운 깃발을 들어 이곳에 온 것은 그 뜻이 결코 다른 데 있지 아니하다. 세상의 모든 사람을 어려움 속에서 건지고 나라를 튼튼하게 하기 위함이다. 안으로는 탐학한 관리의 머리를 베고 밖으로 횡포한 강적의 무리를 쫓아내고자 함이다.

사기가 오를 대로 오른 동학 농민군은 전주에서 내려온 관군을 전라북도 정읍시에 있는 황토현에서 격파하고 흥덕, 고창, 무장, 영광, 함평, 무안을 차례로 점령하면서 세를 불려 나갔어. 다급해진 정부는 근대식 무기로 무장한 중앙군을 파견하여 이들을 진압하려 했으나 오히려 전라남도 장성에 있는 황룡촌에서 대패하고 말았어. 이후 동학군은 손쉽게 전라도의 중심 도시 전주까지 점령하여 전라도 일대는 농민군의 손에 장악되고 말았어. 정부는 당연히 위기의식을 느꼈지. 그러나 당시 조선 정부의 힘으로는 동학 농민군을 진압할 수 없었어. 민씨 정권은 하는 수 없이 청에게 구원을 요청했어.

동학 농민 운동 기록화 백산에 모인 전봉준과 동학 농민군의 모습이다. 그림 가운데에 흰 도포를 입고 서 있는 사람이 전봉준이고, 그 주변에 흰 옷을 입고 대나무 창을 든 사람들이 구름처럼 모여 있다.

5월 5일 청나라 군대가 아산만으로 들어왔어. 그런데 일본이 문제였어. 청나라 군대가 조선에 파견된다는 소식을 들은 일본은 '청군의 조선 파병은 톈진 조약을 위배한 것'이라며 딴죽을 걸어 왔어. 갑신정변[1884] 직후에 청과 일본이 맺은 톈진 조약에 '양국 군대는 조선에서 동시에 철수하되, 만약 다시 보낼 필요가 있을 때에는 사전에 상대편 국가에게 통보한다.'라는 조항이 있었고, 청나라가 조선

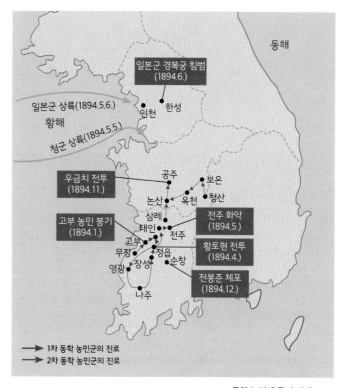

동학 농민 운동의 전개

에 군대를 보내는 것은 이 조항에 위반된다는 거지. 그래서 일본도 조선 땅에 군대를 파병했어.

청·일 양국 군대가 앞서거니 뒤서거니 하며 들어오자, 조선 정부는 물론이고 동학 농민군도 깜짝 놀랐어. 자칫하면 조선 땅이 외세의 세력 다툼 속에 외국 군대의 전쟁터가 될 판이었어. 동학 농민군은 청·일의 개입을 막기 위하여 정부와 전주에서 '외국 군대에 대한 철병 요구와 나쁜 정치를 개혁한다'는 것을 조건으로 하는 화약을 서둘러 맺었어. 이를 '전주 화약'이라고 하지.

이때 농민군이 정부 측에 제시한 개혁안[폐정 개혁안]은 탐관오리의 숙청, 부패한 지방 양반들의 징벌, 봉건적 신분 차별 폐지, 농민들을 괴롭혔던 각종 잡세의 폐지, 농민들이 지고 있던 빚 탕감 등이었어. 그리고 이를 실천하기 위하여 전라도 각 지역에 자치 기구인 집강소●를 설치하

집강소 동학 농민군이 주도하여 설치한 일종의 지방 자치 기구. 전주 화약 이후에 농민군이 영향력을 미치던 지역에 설치하여 관리들의 부정 감시 및 백성들의 민원을 해결해 주었다.

여 잘못된 정치 제도를 개선하려고 했어.

동학 농민군이 정부에 요청한 폐정 개혁안의 주요 내용

○ 동학교도와 정부 사이에 쌓인 원한을 풀 것

○ 탐관오리의 죄를 조사하여 엄히 다스릴 것

○ 횡포를 부린 부자들을 벌할 것

○ 노비 문서를 불태워 없앨 것

○ 천민의 차별 대우를 개선할 것

○ 과부의 재혼을 허용할 것

○ 잡다한 세금을 모두 없앨 것

○ 일본인과 내통하는 자는 엄히 처벌할 것

○ 나라나 개인으로부터 빌린 모든 돈을 갚지 않도록 할 것

○ 토지를 고르게 나누어 경작하게 할 것

□ 농민군의 요구는 잘 지켜졌나요?

농민군과 전주 화약을 맺은 후 정부는 일본군의 철수를 요구했어. 조선의 문제는 조선 사람들이 머리를 맞대고 해결하겠으니, 너희들은 물러나라는 의미였지. 그러나 일본은 조선 정부의 요구를 무시한 채, 오히려 경복궁을 점령하고 고종을 협박하여 자신들의 의도대로 내정 간섭을 시작하였어. 심지어 아산만으로 들어오던 청나라 군함을 급습하며 청·일 전쟁까지 일으켰어[1894].

동학 농민군은 일본의 횡포를 도저히 묵과할 수 없었어. 그래서 다시 군대를 일으켰지. 고부 민란으로 시작된 첫 번째 봉기가 부패한 정치를 개혁하려는 반봉건적 성향이 강했다면, 두 번째 봉기는 조선의 정치에 간섭하고 우리 영토에서 청과 전쟁을 하는 일본군을 쫓아내기 위한 반

외세적 성향이 강했어.

결과는? 안타깝게도 농민군은 근대식 무기로 무장한 일본군을 당해
내지 못하고 충남 공주 우금치 전투에서 많은 희생을 치른 채 참패하
고 말았어. 농민군의 지도자 전봉준, 손화중, 김개남은 재기를 꿈꾸며
농촌 깊숙이 몸을 숨겼으나 끝내는 체포되어 처형되었어. 이로써 외세
를 물리치고 새로운 사회를 건설하려던 농민들의 꿈도 한 줌의 재로
사그라지고 말았지.

우금치 전적비 충남 공주 우
금치 전적지 소재.

□ 동학 농민 운동은 어떤 성과를 남겼을까요?

동학 농민군은 탐관오리 축출, 신분 차별 철폐 등을 요구하는 등 반
봉건적 투쟁을 했으며, 일본의 침략 야욕을 물리치려는 반침략적 민족
운동을 전개하였어. 또한 동학 농민군이 주장했던 개혁 내용 중 일부는
정부가 추진한 갑오개혁에 반영되어 신분제 사회에서 평등 사회로 전
환되는 출발점이 되어 주었어. 노비제 폐지, 과부의 재가 허용 등이 농
민군의 주장이 정부 정책에 반영된 대표적인 개혁 정책이야.

한편 동학 농민 운동이 실패로 돌아간 후에 봉기에 가담했던 농민들
은 항일 의병 운동에 적극 가담하여 지속적으로 나라를 구하는 운동을
전개하며 낡은 봉건 체제와 일제의 침략에 맞서 나갔어.

하지만 말이야, 동학 농민 운동도 한계는 있었어. 동학 농민군의 지
도부는 근대 국가 건설을 위한 구체적인 방안을 제시하지 못했으며, 농
민층 이외의 폭넓은 지지 세력을 확보하지 못했어. 따라서 온 백성이
하나로 똘똘 뭉쳐 외세에 대항할 큰 역량을 발휘할 수는 없었지. 참으
로 안타까운 일이야.

동학 농민군을 이끈 세 명의 지도자

전봉준(1854~1895)

유난히 몸집이 작아 '녹두 장군'이라 불렸던 전봉준은 아버지가 고부 군수에 맞서다 곤장을 맞고 세상을 떠난 뒤에 사회 변혁을 꿈꾸었어. 고부 농민 봉기 때부터 지도자로 나서 우금치 전투 때까지 줄곧 농민군을 이끌었지.

전봉준은 '조선은 곧 허물어질 집이요, 중병에 걸린 환자'라고 주장하며, 그렇기 때문에 새로운 세상을 우리가 만들 수 있다고 말했어. 그러나 그는 우금치 전투의 참패로 새로운 세상을 열지 못한 채 12월 2일 전라북도 순창에서 관군에게 체포되었고, 1895년 3월, 서울에서 처형되고 말았어. 죽으면서 그는 다음과 같은 시를 남겼어.

> 때를 만나 천하가 모두 힘을 합했건만
> 운이 다하니 영웅도 스스로 어쩔 수가 없구나
> 백성을 사랑하는 정의로운 길이 어찌 나의 허물이랴
> 나라를 위하는 굳은 마음을 그 누가 알리

부상을 입고 들것에 실려 체포되어 가는 전봉준.

김개남(1853~1894)

농민군을 이끌었던 세 지도자 중에서 가장 강성의 인물로 농민 운동 당시에 탐학한 부호들과 부정한 관리들을 가차 없이 처벌하여 적이 많았던 사람이야. 우금치 전투가 패배로 끝난 후에 전라북도 태인 땅에 숨어 있었으나, 옛 친구의 고발로 붙잡혀서 전주에서 처형되었어.

전봉준과 손화중이 서울로 끌려가서 처형된 데 반하여 김개남이 전주에서 처형된 것은 그의 손에 죽은 자들의 가족이 즉시 죽이자고 강력히 주장했기 때문이야. 그러나 김개남이 잡혀갈 때 많은 사람들이 "개남아 개남아 김개남! 그 많던 군대 어디에 두고 짚둥우리가 웬 말이냐."라는 노래를 불러 안타까움을 나타낸 걸로 보아 그의 죽음을 아쉬워했던 사람들도 많았음을 알 수 있어.

손화중(1861~1895)

전라북도 정읍의 지주 집안 출신으로 20대에 동학교도가 되었어. 온화한 성품으로 도술을 부린다고 소문이 나서 그의 부대에 사람들이 가장 많이 몰렸어. 우금치 전투 이후에 잔여 부대를 이끌고 광주에서 치열한 전투를 벌였으나 패배하고, 고향에 숨어 있다가 관군에 체포되어 전봉준과 함께 처형되었어.

05

갑오개혁의
내용과 한계는?

□ 갑오개혁은 일본의 뜻이었나요? □ 갑오개혁은 어떻게 이루어졌나요?
□ 갑오개혁의 구체적 내용은요? □ 갑오개혁에 문제점은 없었을까요?

□ 갑오개혁은 일본의 뜻이었나요?

전주 화약을 맺은 이후에 조선 정부는 청·일 양국군에게 물러가 줄 것을 요청했어. 그러나 일본은 동학 농민 운동과 같은 내란이 일어나지 않으려면, 자신들의 도움하에 조선이 내정 개혁을 서둘러야 한다는 얼토당토않은 이유를 대며 군대를 철수하지 않았어. 조선 정부는 일본이 간섭할 수 없도록 자주적으로 개혁을 추진하기 위한 교정청*을 만들어 농민군이 지적한 문제점을 개선하면서 재차 일본군의 철수를 요구했지. 그러자 일본은 1894년 6월 21일 새벽에 경복궁을 불법으로 점령하더니, 이틀 뒤에는 아산만에 있던 청나라 함대를 기습하며 청·일 전쟁까지 일으켰어.

이제 조선 정부는 일본이 조종하는 사람들에 의해 운영되었어. 친일 정권에 참여한 사람들은 대부분 1880년대 개화 정책 추진에 참여했던 개화파로, 이들은 일본의 간교한 계략에 넘어가 정계에 복귀한 흥선 대원군을 얼굴 마담으로 하고 김홍집을 실질적 책임자로 하는 개화파 정권을 수립했어. 새 정권을 이끈 사람들은 조선이 근대화된 자주독립 국가로 곧게 서기 위해서는 하루라도 빨리 청의 내정 간섭에서 벗어나야 하고 이를 위해서라면 일본의 힘을 빌릴 필요가 있다고 생각했어. 그래

교정청 근대식 개혁을 자주적으로 추진하기 위하여 1894년 6월 11일에 설치된 관청이었으나 6월 25일 군국기무처 설치로 폐지되었다.

김홍집(1842~1896) 온건 개화파의 주역이었던 김홍집은 갑오·을미개혁 기간 내내 정권의 핵심으로 개혁을 진두지휘했다.

서 청·일 전쟁 때 일본 편을 들면서 군국기무처를 설치하고 이 기구를 중심으로 조선의 근대화에 적극 나섰어. 1894년, 친일 세력이 주도하여 추진된 이 개혁을 '갑오개혁'이라고 해.

그런데 한 가지 이해되지 않는 것이 있어. 일본은 왜 조선의 근대화에 그토록 집착했을까? 여기에는 일본의 검은 속셈이 숨어 있었어. 일본은 내정 개혁과 근대화라는 구실 아래 자신들의 입맛에 맞게 조선의 경제와 사회 제도를 바꾸어 침략의 발판으로 삼으려 했던 거야. 즉, 일본이 조선의 근대화에 적극적으로 뛰어든 것은 조선의 발전을 진심으로 원해서가 아니라, 조선을 일본화시켜서 자기들 맘대로 요리하기 위해서였어.

□ 갑오개혁은 어떻게 이루어졌나요?

갑오개혁은 두 차례로 나누어 추진되었어. 1차 갑오개혁은 1894년 6월에 시작하여 11월까지 군국기무처를 중심으로 이루어졌지. 일본은 민씨 정권을 쫓아내고 개화파들을 등용하여 조선의 개혁에 나섰어. 그러나 이때는 청나라와 전쟁을 하고 있었기 때문에 조선의 개혁에 적극적으로 뛰어들 수가 없었지. 따라서 1차 갑오개혁은 개화파 정권이 군국기무처를 중심으로 추진했어. 이 시기에 군국기무처는 200여 건이 넘는 개혁안을 의결하여 공포했으니, 엄청난 개혁을 수행했다고 할 수 있지.

2차 갑오개혁은 1894년 11월에 시작하여 이듬해 6월까지 추진되었어. 청·일 전쟁에서 유리한 위치를 차지한 일본은 조선 정부를 본

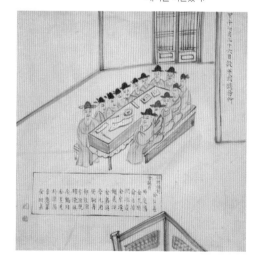

1894년경 군국기무처에서 열린 김홍집, 박정양을 비롯한 14명의 개화파 내각인사들의 회의 장면을 묘사한 그림이다. 군국기무처는 정치·군사에 관한 모든 사무를 관장하는 정책 결정 기관으로, 갑오개혁을 이끌었다.

갑오개혁의 주요 내용

구분	1차 개혁(1894. 6. ~ 11.)	2차 개혁(1894. 11. ~ 1895. 6.)
특징	군국기무처 중심의 자주적 개혁	일본의 간섭 속에 박영효 주도
주요 내용	• 정부와 왕실 사무 구분 • 중국 연호 폐지('개국' 기원 사용) • 6조 → 8아문 • 과거제 폐지 • 재정의 일원화(탁지아문) • 조세의 금납제 • 노비 제도 폐지 • 고문과 연좌제 폐지 • 과부의 재혼 허용 • 조혼 금지	• 내각제 시행(8아문 → 7부) • 전국 8도를 23부로 개편 • 사법권 독립 • 교육입국조서 발표 • 신교육 실시(소학교, 사범 학교, 외국어 학교 설립) • 유학생 파견

격적으로 간섭하기 위하여 자신들의 말을 잘 듣지 않던 흥선 대원군을 물러나게 하고, 갑신정변의 주역으로 일본에서 망명 생활을 하고 있던 박영효를 귀국시켜서 개혁을 추진했어. 이 시기에 고종은 일본의 권고에 따라 모든 관리들을 대동하고 종묘●에 나가 역대 왕들에게 조선의 독립을 고하고, 청과의 사대 관계 청산 및 왕실의 정치 참여 금지 등이 담긴 홍범 14조를 발표했어. 그리고 '나라 발전은 국민의 교육에 있다'는 교육입국조서도 발표하여 교육을 강조했지.

종묘 조선의 역대 왕과 왕비의 위패를 모신 곳.

홍범 14조의 주요 내용

○ 청에 의존하는 생각을 버리고 자주독립의 기초를 세운다.

○ 왕실 사무와 국정 사무를 나누어 서로 혼동하지 않는다.

○ 재정은 모두 탁지아문에서 관할한다.

○ 총명한 젊은이들을 파견하여 외국의 학술과 기예를 익히
고 오게 한다.

○ 문벌을 가리지 않고 인재 등용의 길을 넓힌다.

□ 갑오개혁의 구체적 내용은요?

갑오개혁을 통해 쏟아져 나온 개혁안들은 새롭고 근대적이었어. 정치면에서 왕실과 정부의 사무를 분리하여 궁내부와 의정부에서 각각 담당하게 했지. 그리고 중국 연호를 폐지하고 청과의 사대 관계를 확실하게 정리했어. 여기에 서구식 내각제를 실시하여 운영하기도 했어.

사회면에서는 신분제와 과거제를 폐지하여 누구나 능력이 있으면 그 능력에 맞는 일을 할 수 있게 하는 터전을 마련하였고, 재판소도 설치하여 지방 행정관이 재판까지 담당함으로써 나타났던 문제점들을 최소화하였어. 여기에 과부의 재혼을 허용하여 청상과부가 평생 동안 결혼을 하지 않고 살아야 했던 폐단을 시정했어.

경제면에서는 화폐 정리 사업을 벌여 개항 이후 외국의 화폐가 들어오면서 발생했던 문제점들을 개선하였고, 나라 재정을 탁지아문에서 관장하게 하여 재정의 낭비를 최소화시켰어. 또한 세금을 돈으로 내게 하는 금납제를 시행하여 사람들이 한결 편하게 세금을 낼 수 있게 했어.

교육면에서는 서양식 학교 제도를 도입하여 지금의 초등학교에 해당하는 소학교를 설립하였고, 교사를 체계적으로 양성하기 위하여 사범 학교도 세웠어. 여기에 외국어 학교도 만들어 외국어 교육도 강화했지.

□ 갑오개혁에 문제점은 없었을까요?

갑오개혁은 갑신정변 때 추진하려다가 정변 실패로 중단된 개혁 정책을 다시 시행하였으며, 동학 농민군이 요구한 인재 등용, 신분제 폐지, 과부의 재혼 허용과 같은 혁신적인 주장도 적극 반영하였어. 따라서 갑오개혁은 봉건적 신분 질서를 무너뜨리고 근대 사회로 넘어가는 과도기에 제도적으로 뒷받침해 준 중요한 개혁이라고 할 수 있어.

그러나 갑오개혁은 정부가 의도했던 만큼의 성과는 거두지 못했어. 개혁을 주도했던 개화파 정권은 자주적 근대 국민 국가●를 꿈꾸며 각종 개혁을 추진했지만, 자본주의의 도입이 외세의 경제 침략으로 이어질 수 있다는 사실을 이해하지 못했으며, 일본의 도움이 조선 침략을 본격화하는 도화선이었음을 미처 인식하지 못했어. 게다가 농민들에

근대 국민 국가 일반적으로 서구 유럽 사회에서 17~18세기 영국 혁명과 프랑스 혁명 이후의 근대 사회에 등장한 국가 체제. 기존의 전제 왕권 체제와는 완전히 다른 정치 체제로, 주권의 원천이 군주로부터 국민에게 옮겨지며 기본 인권이 보장된 헌법에 근거한 의회 정치가 통치 원리로 제시되었다.

게 반드시 필요했던 토지 제도의 개혁이 없었으며, 자주적 근대 국민 국가 수립에 필수적인 상공업 진흥과 국방력 강화를 위한 군사 제도의 개혁에도 소홀했어. 따라서 갑오개혁은 백성들의 지지를 거의 받지 못한 상태에서 개화 정권 그들만의 이상을 실현하는 데 급급했던 개혁이었다고 평가할 수 있어.

갑오개혁 추진으로 달라진 조선 사회

갑오개혁이 조선 백성들의 지지를 거의 받지 못한 개화파 정권만의 개혁이었지만,

개혁 내용만 두고 본다면 근대적인 요소를 다수 담고 있었어.

자! 갑오개혁 추진으로 조선 사회가 어떻게 변화되었는지 살펴볼까?

신분제를 폐지함으로써
평등 사회가 형성되는
발판을 만들었다.

양반들이 독점했던 과거제를
폐지하여 능력 중심의
관리 선발이 가능해졌다.

과거제

궁내부   의정부

왕실의 사무는 궁내부가,
정치는 의정부가 책임짐으로써
왕의 독재를 막을 수 있는
제도적 장치가 마련되었다.

서구식 교육 제도에 의한
체계적인 교육이 국가
차원에서 본격적으로
시행되었다.

재판소가 설치되어 재판을 담당함으로써
지방 행정관이 재판을 할 때 나타났던
불합리한 점을 개선할 수 있었고
억울한 사람들의 수가 전에 비해 줄어들었다.

세금을 돈으로 내는 금납화가 실시되어
세금 내기가 전에 비해 한결 편해졌다.
금납화 이전에는 쌀이나 베와 같은 현물로
세금을 내야 했기 때문에 불편함이 많았다.

부럽구랴

과부가 다시 결혼하는 것을
제도적으로 허용함으로써 젊은 나이에
과부가 되어 평생 수절을 강요받는
어처구니없는 일이 줄어들게 되었다.

2 국권을 지키기 위해 일어서다

06 을미년에 과연 무슨 일이 일어났을까?

07 독립 협회가 만민 공동회를 개최한 까닭은?

08 조선이 대한 제국으로 나라 이름을 바꾼 까닭은?

09 을사조약 체결에 목숨 바쳐 저항한 까닭은?

10 애국 계몽 운동은 어떻게 전개되었나?

11 개화기에 들어온 신문물들은?

1895 을미사변이 일어나고 을미개혁이 실시되다. 을미의병이 일어나다.

1896 아관 파천이 일어나다. 독립 협회가 창설되다.

1897 대한 제국을 세우다. 광무개혁을 추진하다.

1898 만민 공동회를 개최하다. 독립 협회가 해체되다.

1904 제1차 한·일 협약이 체결되다. 보안회와 헌정 연구회가 설립되다.

1905 을사조약이 강제 체결되다. 을사의병이 일어나고, 대한 자강회가 설립되다.

1907 헤이그 특사를 파견하다. 고종 황제가 강제 퇴위되고, 한·일 신협약(정미 7조
      약)이 체결되다. 군대가 해산되고 정미 의병이 일어나다. 대한협회, 신민회가
      설립되고 국채 보상 운동이 시작되다.

1909 남한 대토벌 작전이 이루어지다. 안중근이 이토 히로부미를 사살하다.

1910 한·일 병합 강제 체결로 국권이 피탈되다.

06

을미년에 과연 무슨 일이 일어났을까?

□ 삼국 간섭이란 무엇인가요?

청의 수도 베이징 외곽에 이화원頤和園이란 매우 아름다운 정원이 있어. 청·일 전쟁이 벌어질 당시에 실권을 장악하고 있던 여걸인 서태후의 별장으로 유명한 곳이야. 하지만 이곳은 청이 일본과 벌인 전쟁에서 패배한 이유를 되새겨 보게 하는 역사의 현장이기도 해.

서태후는 자신의 환갑을 맞이한 1894년에 해군의 군사력 강화에 들어갈 예산을 빼돌려 이 정원을 호화롭게 다시 단장했어. 그런데 청·일 전쟁에서 청나라가 패배해 버렸어. 사람들은 서태후가 군사력 증강 예산을 빼돌렸기 때문에 전쟁에서 졌다고 생각하고 비난했어.

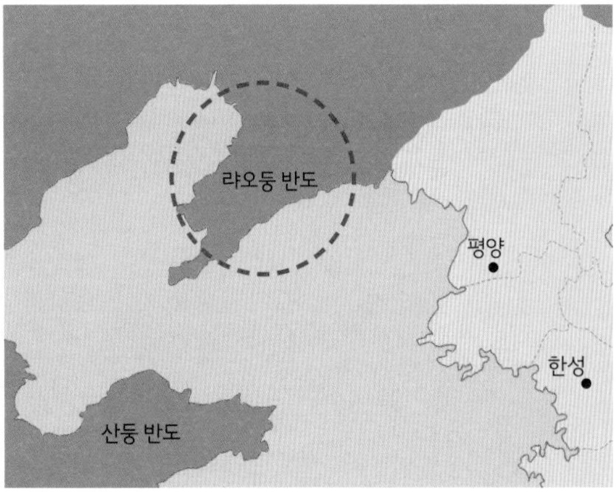

청·일 전쟁은 충청도 아산만 근처의 풍도 앞바다에 머물고 있던 청나라 함대를 일본군이 기습하여 시작된 전쟁으로 일본의 승리로 끝났어. 전쟁이 끝난 후 일본은 청과 시모노세키 조약1895을 맺어 청으로부터 막대한 배상금과 함께 타이완과 랴오둥 반도를 넘겨받았으며,

랴오둥 반도 남하 정책을 추진하던 러시아는 일본이 랴오둥 반도를 차지하자, 위기를 느끼고 프랑스·독일을 끌어들여 일본을 압박했다. 결국 일본은 청에 랴오둥 반도를 돌려주었다.

랴오둥 반도

평양

한성

산둥 반도

조선에 대한 자신들의 우월한 지위도 인정받았지.

그런데 일본의 랴오둥 반도 차지는 만주와 조선을 노리고 꾸준히 남하 정책을 추진하고 있던 러시아에게는 그리 달갑지 않은 소식이었어. 러시아는 이 문제를 해결하기 위하여 프랑스와 독일을 끌어들였어. 러시아, 프랑스, 독일의 대표는 일본 정부를 찾아가 자신들의 입장을 전달했지.

> "일본이 랴오둥 반도를 차지하면 청나라가 위태로워지고 조선의 독립도 보장될 수 없소. 아시아의 평화가 일본 때문에 깨진단 말이오. 일본이 랴오둥 반도를 청나라에 다시 반환해야 하오. 만약 포기하지 않는다면 우리 삼국이 가만있지 않겠소"

말은 부드럽게 했으나 사실은 랴오둥 반도를 청나라에 다시 넘기라는 강요였지. 일본은 자존심이 팍팍 상했어. 생각 같아서는 죽을 때 죽더라도 싸우고 싶었겠지. 하지만 일본의 국력으로 세 나라를 상대하기는 역부족이었어. 일본은 어쩔 수 없이 랴오둥 반도를 청에게 되돌려주고 말았어. 1895년에 일어난 이 사건을 '삼국 간섭'이라고 해.

☐ 삼국 간섭이 국모 살해로 이어졌다고요?

삼국 간섭은 조선에도 영향을 미쳤어. 일본의 무력 앞에 쩔쩔매던 조선에게 구세주가 나타난 거야. 일본의 간섭에 신경이 날카롭던 고종과 민비는 러시아의 힘이 일본보다 우위에 있다고 판단했지. 고종은 러시아를 통하여 일본을 견제할 요량으로 친일 내각을 해체하고 친러파 중심으로 내각을 재구성했어.

일본 정부는 당황했지. 조선을 완전히 장악했다고 생각했는데, 러시

아 때문에 다 된 밥에 콧물 떨어뜨리는 격이 되고 말았어. 궁지에 몰린 일본은 이 상황을 단번에 뒤집어 놓을 무시무시한 음모를 꾸미기 시작했어. 암호명을 '여우 사냥'이라 했지.

여우 사냥? 여기서 여우는 민비로 '여우 사냥'은 일본 공사로 부임해 온 미우라 고로가 조선 침략에 방해가 되는 민비를 살해하기 위해 짠 작전명이야.

일본은 이번에도 흥선 대원군을 이용했어. 민비와 앙숙 관계인 흥선 대원군을 적당히 속여서 사건에 끌어들였지. 1895년 8월 20일 새벽에 흥선 대원군을 태운 가마가 일본군의 호위를 받으며 경복궁의 정문인 광화문 앞에서 멈춰 섰어. 흥선 대원군이 "문 열어라!" 하고 호기를 부렸지. 궁궐을 수비하던 병사들이 혼비백산하며 문을 열자, 일본군과 불량배들이 "여우 잡아라!"를 외치며 궁궐 안으로 몰려 들어가 민비라고 생각되는 여자들을 무조건 죽이기 시작했어. 혼란 속에서 민비는 살해되었고, 시신은 궁궐 안 소나무 숲에서 불태워졌어. 임금이 사는 궁궐 안에서 국모國母가 외국인에게 처참하게 죽은 황당무계한 사건이 1895년 조선 땅에서 일어난 거야을미사변.

민비 살해 후 미우라 공사는 고종에게 친일 내각을 다시 꾸리라고 압력을 넣었어. 한편 대외적으로는 이번 사건이 훈련대 해산에 불만을 품은 조선 군인들이 흥선 대원군을 앞장세워 일으켰다고 발표를 했어. 일본군은 고종이 불러서 출동했으며, 왕비가 어디에 있는지는 알 수 없다고 거짓말을 했지. 그러나 우연히 이 사건을 목격한 러시아 건축

가에 의해서 사건의 진실은 전 세계에 알려졌고, 국제 사회는 일본을 크게 비난했어.

그런데 민비 살해에 참여했던 자들은 그 후 어떻게 되었을까? 세계 여론의 반발에 부딪힌 일본은 미우라 공사와 민비 살해에 관련된 사람들 48명을 본국으로 불러들여 감옥에 가두고 재판을 했어. 하지만, 재판 결과는 '증거 불충분'으로, 범법자들은 다음 해에 감옥에서 전부 풀려났어. 그야말로 '눈 가리고 아웅'한 재판이었지.

을미사변 이후에 조선은 다시 친일 내각이 들어서 친러 내각이 중단시킨 갑오개혁을 일본의 조정 속에 다시 추진하기 시작했어. 1895년에 추진된 이 개혁을 을미개혁[●]이라고 해. 이때 추진되었던 대표적인 개혁이 양력 사용[●], 종두법 시행, 전국 주요 지역에 소학교 설립, 우편 업무 재개, 단발령의 실시 등이야.

을미개혁 을미개혁은 갑오개혁의 연장선에서 이루어졌기에 '3차 갑오개혁'이라고도 한다.

양력 사용 음력 1895년 11월 17일을 기하여 양력 1896년 1월 1일로 정하고, 건양(建陽)이라는 연호를 채택하였다.

□ 단발령에 분노한 까닭은 무엇인가요?

민비 살해 사건과 단발령의 실시로 반일 감정은 불타올랐어. 전국 각지에서 반일 투쟁이 연일 계속되었지. 단발령은 우리 민족의 상징인 상투를 잘라 현재 우리들의 머리처럼 짧게 하는 것으로 '신체와 머리와 피부는 부모로부터 물려받았으니 함부로 훼손하거나 다치게 하지 않는 것이 효의 시작'이라고 생각했던 당시 사람들에게는 도저히 있을 수 없는 일이었지.

조선 사람들은 크게 분노했어. 일부 유생들은 단발령의 잘못을 따지는 상소를

단발령을 공표한 문서

상투를 자른 고종의 모습

올렸으며, 관리들은 관직을 사퇴하며 단발령의 실시에 항의했어. 학생들은 학교를 자퇴하면서 일본에 질질 끌려 가는 정부를 질타했으며, 전국 각지가 들썩거리며 임진왜란 이후 200여 년 만에 의병 운동이 다시 일어났어.

을미년에 일어났다고 해서 을미의병이라고 부르는 1895년의 의병 운동은 위정척사 사상에 철두철미했던 유학자들이 주도했는데, 춘천의 이소응과 제천의 유인석이 대표적이었어. 을미의병의 해체는? 고종이 일본의 위협에서 벗어나기 위하여 밤중에 몰래 러시아 공사관으로 옮겨 간 후^{아관 파천(1896)}, '이만하면 우리의 의지를 세계에 알렸으니 그만 해산하라.'는 해산 권고 조치를 내리자 점차 사그러들었어.

한편, 아관 파천은 친일파 주도의 개혁에 큰 타격을 주었어. 을미개혁을 추진했던 친일 정권이 붕괴되었으며, 근대적 주권 국가를 꿈꾸며 추진했던 2년여에 걸친 개혁은 허무하게 무너져 버렸어. 개혁 기간 내내 선두에 서서 진두지휘를 했던 김홍집은 성난 군중들에 의해 거리에서 살해되고 말았지. 민중의 지지 없이 외세의 힘만 믿고 추진한 무리한 개혁이 가져온 비극이었어.

민비는 누구인가?

민비의 본래 이름은 '민자영'이야. 그녀가 고종의 비로 선택된 것은 민씨 가문이 명문 집안이면서도 몰락하여 그 세력이 미미했기 때문이야.

흥선 대원군은 왕실의 외척들에 의해 정치가 좌우되는 세도 정치에 질렸기 때문에 일가친척이 많지 않은 민씨 집안, 그것도 부모가 일찍 죽어 내세울 것이 전혀 없는 민치록의 외동딸 민자영을 며느리로 맞아들였어. 허나 총명하고 정치적 수완이 뛰어났던 왕비 민씨는 시아버지의 기대와는 달리 결혼한 몇 년 후부터 정치에 관여하기 시작하여 자신의 친족인 민씨 일파를 전면에 내세워 죽을 때까지 조선의 정치를 자신의 의지대로 이끌어 갔어.

민비는 평소에 중국 역사책을 즐겨 읽었다고 해. 특히 춘추 전국 시대의 역사에 관심이 많아서 여러 제후들이 영토 다툼을 하면서 벌이는 외교술에서 조선이 나아가야 할 외교의 방향을 찾기도 했어. 일본의 견제를 위해서 러시아를 끌어들이는 당찬 정책도 어쩌면 춘추 전국 시대의 역사를 살피면서 얻은 교훈을 현실화시킨 것인지 몰라.

민비가 명성 황후로 추대된 것은 1897년으로, 고종이 대한 제국으로 나라 이름을 바꾸고 황제의 자리에 오르면서부터였지. 그러나 명성 황후는 이미 이 세상 사람이 아니었어. 더 비극적인 것은 명성 황후가 1895년 참변을 당한 후에도 장례식이 치러지지 않았다는 점이야. 일본의 눈치를 보느라 살해된 지 2년이 지난 1897년 11월 21일에야 장례를 치를 수 있었던 거야.

명성 황후 장례식의 전 과정은 『명성 황후 국장도감 의궤』로 만들어졌는데, 의궤란 나라의 큰 행사를 그림과 글로 소상히 나타낸 책을 말해. 또한 프랑스 신부 아레베크가 장례식 전 과정을 사진으로 찍어 놨기 때문에 우리는 지금도 장례식 장면을 생생하게 살필 수 있어.

명성 황후 장례식 조선 정부는 일본의 눈이 무서워서 국모인 명성 황후의 장례식을 살해당한 지 2년 뒤에야 치렀다.

경복궁 옥호루 주한 일본 공사 미우라 고로가 주도하여 1895년 8월 20일 새벽에 일본 낭인들이 경복궁에 잠입하여 이곳에서 민비를 시해하였다.

삼국 간섭과 을미사변

청·일 전쟁에서 이긴 뒤 시모노세키 조약으로 한껏 고무된 일본

라오둥 반도도 내꺼!

조선 땅도 내꺼!

위기의식을 느낀 삼국은

너무 키웠어.

가만두면 일본이 아시아를 장악하겠어.

불안한데?

일루 와 봐.

?

너무 나대는 거 아니세요? 너 때문에 아시아 평화가 깨지잖아요~

라오둥 반도에서 방 빼세요!

러시아, 킹왕짱이네!

꼬응~ 거의 협박이잖아.

잘해 봐요. 우리~

본때를 보여 주마.

조선이 친러파 내각을 구성하자 궁지에 몰린 일본은 결국 민비를 살해하고 만다.

만약 서태후가 이화원을 단장하지 않았다면 민비도 안 죽었을까?

엉뚱하긴···

나비 효과라는 게 있잖아.

07

독립 협회가 만민 공동회를 개최한 까닭은?

□ 아관 파천 이후의 조선은 어땠나요? □ 독립 협회는 어떻게 만들어졌나요?
□ 만민 공동회와 독립 협회의 관계는요? □ 독립 협회 활동의 의의는 무엇인가요?

□ 아관 파천 이후의 조선은 어땠나요?

1896년 2월 11일 새벽, 궁궐 문이 살며시 열리더니 두 대의 가마가 쏜살같이 빠져나와 어디론가 사라졌어. 가마 안에는 고종과 그의 대를 이을 세자^{순종}가 타고 있었지. 그들은 궁궐까지 침입하여 국모를 살해한 깡패 같은 일본의 행패에 위협을 느껴 감시가 소홀한 틈을 타서 러시아 공사관으로 거처를 옮겼어. 그 후 고종은 친일 내각을 해산시키고, 러시아와 친한 사람들로 내각을 재구성했어.

새 내각은 당연히 갑오·을미개혁 때 추진했던 단발령을 비롯한 각종 개혁들을 중단시켰지. 물론 그렇다고 하더라도 친러파로 구성된 새 내각이 개화 정책을 추진하지 않은 것은 아니야. 정권이 친일파에서 친러파로 바뀌었어도 그들 또한 개혁의 필요성을 절감하고 있었기 때문에 세금 감면 정책을 통하여 민심을 안정시키면서 신문 발행, 학교 설립, 산업 육성 등을 추진했으며, 새로운 호적 제도를 실시하여 법적으로 신분 차별을 완전히 없앴어.

한편 고종이 러시아 공사관에 거주하자, 열강들은 '기회는 이때다' 여기며 경쟁적으로 돈이 될 만한 사업들을 가져갔어. 조선은 주권 국가로서의 체면이 땅에 떨어지고, 열강들의 밥으로 전락하고 말았지.

열강들의 이권 침탈은 광산 채굴, 철도 부설, 삼림 채벌에 집중되었어. 러시아는 인천 월미도와 부산 절영도를 석탄 저장소로 사용하기 위하여 빌려 갔고, 압록강·두만강·울릉도의 우람한 나무들을 벨 수 있는 채벌권과 함께 함경도 경원과 종성의 광산 채굴권을 가져갔어. 미국은 경인선^{서울-인천} 철도 부설권과 함께 서울의 전차 운행권, 평안도 운산의 금광 채굴권을 챙겼지. '노다지, 노다지, 금노다지'로 시작되는 노다지 타령 들어 봤지? 이 노래에 나오는 노다지는 '금'의 다른 이름으로 운산 금광을 운영했던 미국 사람들 때문에 나온 말이라는 설이 있어. 미국인들은 조선 노동자들이 금을 몰래 훔쳐갈까 봐 금에 손을 대지 마라는 의미에서 '노 터치^{No touch}, 노 터치^{No touch!}'를 자주 외쳤대. 그런데 영어를 모르는 노동자들이 '노 터치'가 금을 뜻하는 줄 알고 금만 보면 노다지, 노다지라고 했대. 물론 '노다지'의 어원이 확실하게 인정받는 건 아니긴 해. 하지만 오랜 기간 입에서 입으로 전해 내려온 것이기에, 이 이야기에서 당시 우리 민족의 서글픈 삶과 사연을 엿볼 수 있지.

이외에도 프랑스는 경의선^{서울-의주} 부설권을, 영국은 평안도 은산 금광 채굴권을, 독일은 강원도 금성의 당현 광산 채굴권을 얻어 갔어. 일

미국이 채굴권을 가지고 막대한 돈을 벌었던 운산 금광 마을.

본 또한 가만있지 않았어. 인천 제물포에 석탄 저장소를 설치할 수 있는 권리를 챙겨 갔고 충청도 직산 광산 채굴권과 경부선^{서울-부산} 철도 부설권을 가져갔어. 이처럼 열강들은 조선 땅에서 알토란 같은 사업들을 거의 공짜로 가져가 부를 축적했는데, 특히 일본은 미국으로부터 경인선 철도 부설권을, 프랑스로부터는 경의선 철도 부설권을 사들여 철도 사업을 완성함으로써 자신들의 최종 목표라 할 수 있는 조선 점령에 대한 기초 작업을 단단히 했지.

□ 독립 협회는 어떻게 만들어졌나요?

서재필이 누구인가? 그는 18세의 어린 나이에 과거에 장원 급제하여 주변 사람들의 촉망을 한 몸에 받았던 천재였어. 그런 그가 미국으로 가서 의사가 된 것은 갑신정변의 실패 때문이었어. 정변의 주역 중 한 사람이었던 그는 갑신정변이 실패로 끝나자 일본으로 망명을 떠났다가 미국으로 건너가서 천신만고 끝에 의사가 되었어. 그 후 그가 고국 땅을 다시 밟게 된 것은 조선 정부가 중추원 고문으로 초빙했기 때문이야.

미국의 앞선 문물을 온몸으로 체험한 서재필은 귀국 후에 서구 시민 사상에 입각한 계몽 활동을 통하여 조선을 자주독립 국가로 변모시키려고 했어. 그는 『독립신문』을 간행하여 민중 계몽에 앞장섰으며, 개화파 지식인들과 힘을 합하여 1896년에는 독립 협회를 창립했어. 이 협회는 누구나 가입 의사를 밝히면 회원이 되었기에 정부 고관부터 사회적으로 천대를 받던 백정까지 회원이 되어 활동할 수 있었어.

서재필은 독립 협회의 나아갈 바를 다음과 같이 말했지.

> 독립 협회의 목표는 나라의 자주독립을 지키는 것이 그 첫째요, 국민의 자유와 권리를 늘려야 함이 둘째요, 개혁을 통해 나라를 부강하게 하는 자강 개혁의 추진이 그 셋째입니다.

이 말을 요약해 보면, 독립 협회는 자주독립, 자유 민권, 자강 개혁 운동을 추진하기 위해 만든 단체임을 알 수 있어. 따라서 독립 협회가 독립문 건설 사업을 첫 사업으로 시행한 것은 어찌 보면 당연한 일이었지. 당시 조선의 현실에서 백성들에게 자주독립의 의지를 심어 주는 일은 반드시 필요한 것이었기에, 독립 협회는 백성들의 성금을 모아 청나라 사절단을 맞이하던 문인 '영은문'을 헐고 그 자리에 독립문을 세웠어1896. 11..

1896년 6월 20일자 『독립신문』에 다음과 같은 사설이 실려 있어.

청나라 사신을 맞이하던 사대 주의의 상징인 영은문을 헐고 자주독립의 상징인 독립문을 세웠다. ○표 안의 기둥이 영은문이 있던 자리이다. 서울 서대문구 소재.

이 문은 단지 중국으로부터의 독립을 의미하는 것이 아니라, 일본으로부터, 러시아로부터, 그리고 유럽 열강으로부터의 독립을 의미하는 것이다.

이 기사만 보더라도 독립문 건설이 조선의 자주독립 의지를 만천하에 알리기 위해 추진되었음을 알 수 있어.

또한 독립 협회는 청나라 사절단이 묵었던 모화관을 구입하여 독립관으로 고쳤어. 이곳에서는 신교육 진흥, 산업 개발, 미신 타파 등 개혁에 필요한 토론회와 연설회를 열었어.

한편 독립 협회는 열강의 이권 침탈을 저지하는 운동과 함께 국왕이 외국 공사관에 머무르고 있는 것은 부끄러운 일이라고 하면서 러시아 공사관에 머물던 고종의 환궁을 강력히 요구했어. 그뿐만 아니라 행사를 치를 때마다 행사장에 태극기를 걸고 애국가를 불렀으며, '한 민족'을 의미하는 '동포同胞'라는 단어를 수시로 사용하여 민족의식 고취를 위해 노력했어.

□ 만민 공동회와 독립 협회의 관계는요?

아관 파천 이후 러시아 공사관에 머물던 고종은 국내외의 여론에 몰려 파천한 지 1년여 만인 1897년 2월에 경운궁^{현재의 덕수궁}으로 돌아왔어. 이후 나라의 위상을 높이고 왕실의 위엄을 재고하기 위해 황제로 즉위하면서 나라 이름을 대한 제국으로 바꾸었어.

그러나 대한 제국 시대는 나라의 힘이 여전히 약해서 열강들의 이권 침탈은 계속되었어. 독립 협회가 생각하기에 여러 열강들 중에서 제일 이권을 많이 가져간 나라는 러시아였어. 러시아는 자기들 공사관에 고종이 머무는 기회를 적절히 활용하여 인천과 부산에 석탄 저장소를 설치하고 압록강·두만강·울릉도의 목재 채벌권을 가져갔으며, 조선 정부에 재정 고문을 파견하고 한·러 은행까지 서울에 설치하는 등 돈이 될 만한 사업들은 물불 가리지 않고 챙겨 갔어.

독립 협회는 러시아와 같은 열강들의 이권 침탈을 저지하지 않고서는 조선의 자주독립이 꿈에 불과하다고 생각했어. 그래서 협회는 민중들의 힘을 모아 열강, 특히 러시아의 이권 침탈을 저지하려고 대규모 집회를 계획했어.

1898년 3월 10일, 서울 종로의 보신각 앞에서 1만여 명의 사람들이 모인 대중 집회가 열렸어. 당시 서울 인구가 17만 명 정도였으니, 1만여 명의 참석은 아주 대단한 숫자였지. 이 집회를 '만민 공동회'라고 해. 집회에서는 러시아의 이권 침탈에 대한 진지한 성토가 벌어졌고 그 결과를 상소문에 담아 고종 황제에게 올렸어.

고종 황제는 많은 사람들이 참석한 만민 공동회에서 결의한 내용을 무시할 수가 없었어. 러시아 공사에게 정식으로 외교 문서를 보내 러시아가 파견한 재정 고문과 군사 교관의 본국 송환을 요청했지. 러시아 또한 따갑기만 한 여론 때문에 대한 제국 정부의 뜻을 무시할 수 없어

관민 공동회 기록화 관민 공동회에는 민중뿐 아니라 정부 대신들도 참여했으며, 박성춘과 같은 백정도 연설할 수 있었다.

서 재정 고문과 군사 교관을 철수시키고 한·러 은행도 폐쇄했어.

만민 공동회는 이후로도 중요한 일이 발생할 때마다 열렸는데, 사람들의 지지는 대단했어. 종로 상인들은 모두 가게 문을 닫아걸고 집회에 참석하기도 했으며, 술장수는 가게에 있는 술을 모두 가지고 나와서 사람들에게 공짜로 나누어 주기도 했어. 또한 과천에서 배를 타고 건너온 나무꾼들은 장작을 기부하여 만민 공동회가 열리는 밤이면 장작불이 훨훨 타올라 만민 공동회장을 대낮처럼 밝혔어.

한편, 독립 협회는 민중의 열화와 같은 지지를 버팀목 삼아 정부에 압력을 넣어 개혁을 적극적으로 추진할 수 있는 진보 내각을 구성하게 했어. 새로 들어선 진보 내각의 각료인 박정양·한규설·민영환은 1898년 10월 29일에 열린 만민 공동회에 참석하여, 공동회는 이제 민간인만이 아닌 정부 고위관리까지 참석한 대규모 집회가 되었어. 이 집회를 정부 관리와 민간인이 함께 했다고 해서 특별히 '관민 공동회'라고 불러.

관민 공동회에서 연설자로 나선 백정 박성춘은 다음과 같이 말했어.

> 나는 대한에서 가장 천하고 무식한 사람입니다. 이런 나도 임
> 금에게 충성을 다하고 나라를 사랑하는 뜻을 대강 알고 있습
> 니다. 나라에 이롭고 백성을 편안하게 하는 길은 관과 민이
> 마음을 합친 다음에야 가능하다고 생각합니다. 저 천막에 비
> 유하건대, 한 개의 대나무로 받치면 부족하지만 많은 대나무
> 로 받치면 그 힘이 튼튼합니다. 원컨대 관민이 마음을 합쳐
> 우리 대황제의 큰 덕에 보답하고 나라가 만만세를 누리게 합
> 시다.

한편, 이날 관민 공동회는 정부에 6개 조항의 건의문을 전달하고 해산하였는데, 이 건의문을 '헌의 6조'라고 해. 헌의 6조에는 '외국인에게 의지하지 말고, 외국에 이권을 넘길 때는 반드시 외부대신*과 중추원* 의장이 함께 도장을 찍을 것, 예산과 결산을 공개할 것, 재판을 공개할 것, 황제가 관리를 임명할 때는 정부의 자문을 구하고 과반수의 동의를 얻을 것'을 제안하면서, 이 건의가 반드시 실현되도록 정부가 적극 나서 달라고 주문했어.

고종 황제는 관민 공동회의 제안을 전폭적으로 받아들여 중추원을 국민의 의견을 대변할 수 있는 의회로 개편하는 일을 진행했어.

그런데 문제는 고종 황제의 측근들과 친러 보수파 세력이었어. 그들은 자기들의 이익에 걸림돌이 되는 독립 협회를 해체시키기 위하여 독립 협회가 황제를 몰아내고 대통령 제도를 도입하려 한다는 거짓 소문을 퍼트렸어. 이 소문을 들은 고종 황제는 독립 협회 간부들을 잡아 가두고 독립 협회를 해산시키라는 명령을 내렸지. 독립 협회에 대한 정부의 해산 조치에 많은 사람들이 들고 일어섰으나 이미 마음이 돌아선

외부대신 현재로는 외교부 장관.

중추원 대한 제국 때에 의정부(議政府)에 속한 내각의 자문 기관.

황국 협회 1898년 보부상들이 만든 단체로 황실과 정부의 정책을 지지하였다.

고종 황제는 끝내 응하지 않았으며, 보수 세력들은 보부상들로 급히 조직한 황국 협회●를 동원하여 독립 협회의 부활을 요구하며 개최한 만민 공동회장을 쑥대밭으로 만들어 버렸어. 그러고는 독립 협회가 사회 혼란을 조장한다는 구실을 대며 끝내 해체시키고 말았지. 1898년 12월의 일이었어.

□ 독립 협회 활동의 의의는 무엇인가요?

독립 협회가 초기에 주력했던 것은 민중 계몽이었어. 서재필은 갑신정변이나 갑오개혁의 실패가 민중의 지지가 없이 일부 지식인만이 개혁의 전면에 나섰기 때문이라고 생각했지. 따라서 그는 『독립신문』을 발간하고 독립문을 만들어 자주독립 의식을 고취하는 민중 계몽 운동에 주력하였어. 그러다가 많은 사람들이 독립 협회의 활동 목적에 공감하며 적극적으로 동참하자, 비로소 정부를 상대로 정치 투쟁을 전개해 나갔어. 독립 협회는 이때 자주독립, 자유 민권, 자강 개혁 운동을 전개하여 열강들의 이권 침탈을 저지하였으며, 국민의 생명권 및 재산권을 보호하고 언론과 집회의 자유를 획득하는 등 자유 민권의 신장에 크게 기여했어.

이러한 독립 협회의 활동은 우리의 힘으로 국권을 지켜 자주독립 국가를 건설하려는 근대적 민족주의 운동이었고, 국민의 자유와 인권을 찾기 위한 민주주의 정치 운동이라고 할 수 있어. 또한 독립 협회의 활동은 개혁을 통해 부강한 국가를 이룩하려는 자주적 근대화 운동이었고, 이러한 노력과 의식들은 대한 제국 말기 애국 계몽 운동으로 이어지며 사회 발전에 크게 기여했어. 그러나 독립 협회는 협회를 이끈 지도부의 지도력 부족과 민중 의식의 미성숙으로 그 성과에 한계를 드러내어 결국에는 보수 집권 세력의 탄압 속에 해체되고 말았지.

서재필 다시 보기

갑신정변[1884] 당시 서재필은 20세의 젊은 나이로, 정변이 실패하자 일본으로 망명을 떠났다가 다시 미국으로 건너가서 갖은 고생을 하며 의사가 되었지. 이후 조선 땅으로 금의환향하여 독립 협회를 만든 주역이 되었어.

하지만 조선 땅에 다시 들어왔을 때에 그의 몸과 마음은 이미 미국 사람이 되어 있었어. 그는 미국 시민권자였으며, 이름도 필립 제이슨이었어. 『독립신문』에 글을 쓸 때에 필명을 '서재필'이라 쓰지 않고 반드시 영문 이름인 필립 제이슨이나 제손 박사, 피제선皮提仙이라고 썼어. 또한 미국으로 돌아갈 때, 출국을 만류하는 사람들에게 "귀국 정부가 나를 필요 없다고 하므로 가는 것"이라고 하여 자신이 미국인임을 분명하게 드러냈어. 미국에 돌아가서 한 행동도 그는 천생 미국인이었어. 국내에서 3·1 운동이 일어났다는 소식을 듣고 그는 필라델피아에서 한인 연합 대회를 개최하여 의장직을 맡았는데, 이 대회의 의장 취임사에서 "만일 대회 진행 중에 미국을 비방하는 언동이 있으면 사임하겠다."라고 말하기도 했대.

서재필의 이러한 태도로 보았을 때, 그는 미국에 살면서 몸에 익힌 자유주의적 사고를 가지고 조선에 와서 자주독립과 부강을 위하여 노력했지만, 그 노력은 미국인의 시각과 사고 속에서 나온 것임을 추측해 볼 수 있어.

서재필(1864~1951)

『독립신문』 창간호 제4면   제3면까지는 한글로, 제4면은 영자로 발행했다.

조선이 대한 제국으로 나라 이름을 바꾼 까닭은?

☐ 조선이 황제의 나라가 되었다고요? ☐ 광무개혁의 특징은 무엇인가요?
☐ 개혁의 방향은 어떠했나요? ☐ 광무개혁의 의의와 한계는 무엇인가요?

☐ 조선이 황제의 나라가 되었다고요?

고종 황제(1852~1919) 어진
대한 제국 선포 후 황색 곤룡
포를 입은 모습이다. 황색은
황제를 상징하는 색이다.

1897년 조선은 나라 이름을 대한 제국으로 변경했어. 그런데, 왜 고쳤지? 아관 파천 직후부터 최익현을 비롯한 유학자들은 국왕이 외국 공사관에 머무는 것은 국가의 수치라고 하면서 궁궐로 다시 돌아올 것을 건의했어. 독립 협회 또한 자주성 회복을 위하여 고종이 환궁해야 한다고 주장했지. 이러한 여론을 못 이긴 고종은 러시아 공사관으로 들어간 지 1년 만에 경운궁 현재의 덕수궁으로 돌아왔어. 이때 고종은 땅에 떨어진 나라의 위신을 드높이고 청과 대등한 나라임을 선포해 자주독립 국가로서의 면모를 갖추고자 했어. 그래서 국호를 대한 제국으로, 연호를 광무로 정하고 하늘에 제사를 지내는 원구단을 만들어 이곳에서 황제 즉위식을 거행했어.

연호는 왕의 재위 기간을 표시하는 호야. 조선 시대에는 독자 연호를 사용하지 않고 중국의 연호를 사용하여 중국에 대한 사대의 예를 표현했어. 그런데 고종은 대한 제국으로 나라 이름을 바꾸며 독자 연호

원구단과 황궁우 고종은 1897년 소공동(서울 종로구)에 원구단을 짓고 그해 10월 12일 이곳에서 대한 제국 황제 즉위식을 가졌다. 현재는 황궁우(왼편 팔각 건물)만 남아 있다.

인 '광무'를 사용하였지. 이는 대한 제국이 공식적으로 자주 국가임을 표현한 중요한 선언이라고 할 수 있어.

□ 광무개혁의 특징은 무엇인가요?

대한 제국은 자주독립 국가로 발전하기 위하여 여러 가지 개혁을 추진하였어. 이 개혁을 당시 연호를 따서 '광무개혁[1897]'이라 하는데, 기존의 개혁들과는 달리 황제권 강화를 핵심으로 하여 추진되었어. 대한 제국의 헌법이라고 할 수 있는 '대한국 국제'의 내용 중에 대한국의 정치는 만세 불변의 전제 정치이다(제2조), 대한국 대황제는 무한한 군주권을 누린다(제3조)는 조항이 있어서, 광무개혁이 황제권 강화를 밑바탕에 깔고 추진되었음을 알 수 있게 해 줘.

한편 광무개혁의 기본 정신은 '구본신참舊本新參'으로 옛것을 근본으로 삼고 새로운 것을 참조한다는 뜻이야. 따라서 광무개혁은 기존의 틀을 완전히 바꾸는 대대적인 개혁이 아니고, 황제권 강화에 초점을 맞추어서 서구의 기술 문명만 받아들이는 온건한 성향의 개혁이었음을 알 수 있어.

□ 개혁의 방향은 어떠했나요?

광무개혁에서 특히 신경을 쓴 분야는 산업과 교육이었어. 농민 생활의 안정과 재정 확보를 위하여 양전 사업을 실시해 토지를 측량하고 소유자를 확인했어. 그리고 토지 소유자들에게 근대적 토지 소유권을 인정한 증서인 지계地契를 발급하였어. 상공업 발전을 위해서는 회사와 공장을 설립했고, 한성은행, 대한천일은행을 개설했어. 또한 정부는 기술자와 경영인의 양성을 위하여 실업 학교를 많이 세웠고, 상공업자를 양성하는 상공 학교, 광산 기술자를 기르는 광무 학교 등을 설립했어.

이외에도 외세의 침략에 대항하기 위하여 군제를 개편하여 황제가 육·해군을 직접 통솔할 수 있도록 원수부를 설치하였고, 수도를 지키는 중앙 군대인 시위대와 지방 군대인 진위대의 군사 수도 대폭 늘렸어. 그리고 고급 장교의 양성을 위해 무관 학교도 설립했지.

토지 소유권을 증명하는 문서인 지계(왼쪽)와 1897년 서울 종로에 설립된 한성은행(오른쪽) 건물.

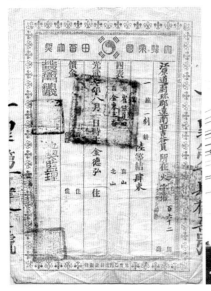

□ 광무개혁의 의의와 한계는 무엇인가요?

대한 제국이 추진한 광무개혁은 자주독립 국가로 발돋움하기 위해 추진한 개혁으로, 외세의 간섭을 배제하면서 시행되어 어느 정도 성과를 거두었어. 특히 상공업 발전과 근대적 토지 소유권 제도의 확립을 통하여 근대 자본주의 국가로 발전을 꾀했다는 점에서 그 의의가 있어. 그러나 황제권 강화를 핵심에 두고 구본신참적인 개혁을 추진하였기에 한계 또한 분명히 드러났어. 독립 협회의 활동과 같은 진보적 자주독립 운동을 억압한 복고적 성향의 개혁 운동이었으며, 광무개혁이 추진되고 있을 때 전국의 주요 광산이 외국인들 손에서 독점적으로 경영되었고 철도 부설권이 다른 나라로 넘어가는 등 열강들의 이권 침탈이 가속화되어 우리의 자주성이 많이 훼손되었지.

대한 제국 때 여학교의 생활 모습

1. 남자 선생님은 학생의 얼굴을 볼 수 없었다.

남녀가 눈을 마주치면 안 되는 '내외'의 관습 때문에 남자 선생님들은 수업 시간이 되어 교실에 들어가도 학생들의 얼굴을 보고 수업을 할 수 없었어. 교실로 들어가기 전에 일단 헛기침을 해서 '지금 나 들어간다.'는 신호를 한 후에 문을 열고 들어가서 끝 종이 칠 때까지 줄곧 칠판 쪽만 바라보며 수업을 해야 했지.

2. 부모들의 항의로 '한문'이 교과목으로 편성되었다.

학교가 만들어지던 초창기에는 교육 과정 안에 한문 과목이 없었어. 그런데 '한문도 가르치지 않으면서 무슨 학교냐.'는 부모들의 항의 때문에 뒤늦게 한문을 교과목에 넣어 가르쳤다고 해.

3. 소풍을 갈 때는 쓰개치마를 두르고 갔다.

옛날에는 여자들이 외출을 할 때 머리 위에 치마를 두르고 얼굴만 살포시 내민 채 나갔다고 해. 대한 제국 때는 전 시대에 비해 여자들의 바깥출입은 크게 자유로워졌지만, 그래도 맨 얼굴로 여자들이 웅성거리며 소풍을 갈 수는 없었어. 그래서 소풍갈 때는 쓰개치마를 두르고 줄을 지어 갔어.

4. 화장을 몰래 해서 선생님께 야단맞는 학생이
   있었다.

여자들의 예뻐지고 싶어 하는 마음은 예나 지금이나 크게 다르지 않아. 학교에서는 화장을 하지 못하게 했지만, 선생님의 눈을 피해서 화장을 하는 학생들이 대한 제국 때도 많았어. 물론 선생님에게 걸리면 큰 벌을 받아야 했지.

5. 졸업식은 밤에

요즘에는 졸업식을 오전 중에 하지만, 대한 제국 때는 졸업식을 해질 무렵에 시작했어. 따라서 졸업식이 지체되면 밤중에 어둔 밤길을 걸어 집에 와야 했지.

09 을사조약 체결에 목숨 바쳐 저항한 까닭은?

□ 을사조약은 어떤 조약인가요? □ 백성들이 통곡한 까닭은 무엇인가요?
□ 고종 황제는 왜 강제로 물러나야 했나요? □ 의병 투쟁의 불길이 타오른 이유는요?

□ 을사조약은 어떤 조약인가요?

1905년 11월 17일 저녁 8시, 이토 히로부미가 군대를 이끌고 궁궐로 들어왔어. 궁궐 안에는 대한 제국의 정치를 담당하고 있던 여덟 명의 대신*이 모여 있었지. 이토 히로부미는 이들에게 '대한 제국의 외교를 일본이 대신해 주고, 이를 위하여 서울에 통감부를 설치한다'는 것을 주요 내용으로 하는 조약의 체결을 강요했어을사조약(1905).

일본의 강압에 밀려 여덟 명의 대신 중 다섯 명이 찬성을 표시했지.

대신 현재 우리나라 정부의 직제로는 '장관'에 해당한다.

하와이 교민들이 발행한 신문 『신한민보』에 실린 만평으로, 을사조약 체결의 강제적 상황과 대신들의 모습을 풍자하였다.

학부대신 이완용, 군부대신 이근택, 내부대신 이지용, 외부대신 박제순, 농상공부대신 권중현으로, 이들을 '을사오적'이라고 해.

을사조약 체결로 대한 제국은 일본에 외교권을 빼앗기고 사실상 식민지가 되고 말았어. 조약이 체결되자, 고종 황제는 비밀리에 미국에 편지를 보내 "내가 동의하지 않았으니, 조약은 무효이다."라고 주장하였지만, 미국을

내가 다
손 써났지.

비롯한 어떤 나라도 고종 황제의 주장에 손을 들어 주지 않았어. 이미
일본이 미국, 영국과 같은 강대국들에게 손을 써놓았기 때문이지.

청·일 전쟁[1894] 이후 한반도 주도권을 차지하기 위해 일본과 경쟁했
던 러시아는 러·일 전쟁[1904~1905]에서 패배하여 한반도에서 손을 뗄 수
밖에 없었고, 영국은 일본과 두 차례에 걸쳐 동맹[영·일 동맹]을 맺어 영국의
인도 지배를 일본이 승인해 준 대신에 일본은 한반도의 독점권을 인정
받았어. 미국은 일본과 가쓰라·태프트 밀약을 체결하여 미국의 필리핀
지배를 인정받은 대신에 일본에게 한반도를 독점할 권리를 승인해 주
었지. 현실이 이러하니, 대한 제국이 아무리 을사조약이 부당하게 체결
되었다고 주장해 봤자, 상황을 뒤집을 수는 없었어.

□ 백성들이 통곡한 까닭은 무엇인가요?

을사조약이 체결되었다는 소식이 전해지자 전국은 들끓기 시작했
어. 『황성신문』의 주필 장지연은 '이날을 목 놓아 통곡한다'는 뜻의
'시일야방성대곡是日也放聲大哭'을 신문에 실어 을사오적을 격렬하게 비난
했어.

저 개돼지 새끼만도 못한 우리 정부의 대신들이 자신들의 이
익에 눈이 어두워, 위협에 못 이겨 놀랍게도 나라를 파는 도
적이 되어 4천 년 강토와 5백 년 사직을 다른 나라에 바치고,
2천만 국민을 다른 나라의 노예로 만들었도다. 저 개돼지만
도 못한 외부대신 박제순과 각 대신은 길게 나무랄 가치도
없는 자들이다. 그래도 참정대신인 자는 정부의 우두머리라,
반대하는 것으로 책임을 피하여 이름을 남기고자 하였던가.
아아, 원통하고도 분하도다! 우리 2천만, 남의 노예가 된 동
포여! 살았는가, 죽었는가! 단군 이래 4천 년 국민정신이 하
룻밤 사이에 별안간 멸망하고 말 것인가! 원통하고 원통하도
다! 동포여! 동포여!

「시일야방성대곡」(일부)

정부 관료 중 조병세, 민영환, 이근명 등 69명은 조약 폐기와 을사오
적의 처단을 주장하는 상소를 올렸으며, 법무주사 안병찬은 도끼를 들
고 경운궁 정문 앞에서 항의 농성을 하면서 "황제의 승낙이 떨어지면
을사오적을 도끼로 찍어 머리를 거리에 매달겠다."고 울분을 토했어.

상소가 효력을 발휘하지 못하자, 죽음으로써 자신의 저항 의지를 나
타낸 사람들도 있었어. 고종 황제의 신변 보호를 책임진 시종무관장 민
영환은 국민에게 보내는 유서를 남기고 자결하였으며, 조병세, 홍만식,
송병선 등도 목숨을 끊어 조약의 부당함을 호소했어.

한편 나철, 오기호는 오적 암살단을 조직하여 친일파들의 집합소인
일진회*를 습격하였고 을사조약 체결에 협조한 이완용 등을 죽이려 했
어. 서울의 상인들은 '나라가 망했는데 장사해 돈을 벌면 무엇 하겠는
가!'라고 하면서 일제히 상점 문을 닫아걸고 항의 농성에 들어갔으며,
학생들은 '매국 대신을 처단하고 일본을 물리치는 것이 공부보다 시급

일진회 1904년 친일파들이
만든 단체로, 을사조약 체결에
앞장서는 등 일제를 도왔다.

하다.'고 하면서 수업을 거부하기도 했어.

고종 황제도 팔을 걷어붙이고 나섰지. 국제 사회에 조약 체결의 부당성을 알리기 위하여 네덜란드 헤이그에서 열린 제2차 만국 평화 회의에 이상설, 이준, 이위종을 특사로 파견하였어[1907]. 그러나 이미 열강들은 '한반도는 일본 땅'이라고 생각하여 대한 제국의 주장에 동조해 주지 않았어.

을사조약의 강제 체결 소식은 지방에 사는 사람들도 격분하게 만들어 의병 투쟁을 통한 국권 회복에 나서게 했어. 을사조약 때문에 일어난 의병을 '을사의병'이라고 하는데, 이때 활동한 대표적인 의병장이 민종식, 최익현, 신돌석이야. 민종식은 충청도 홍주성을 점령한 뒤, 그곳에 머물며 일본군과 전투를 벌여 승리를 거두었어. 위정척사파의 거두인 최익현은 74세의 나이에도 불구하고 제자인 임병찬과 더불어 전라도 순창에서 싸움을 준비하고 있던 중 일본군이 아니라 관군이 진압하러 오자, "너희가 일본 놈이라면 죽기를 각오하고 싸우겠지만, 차마 같은 동족끼리 싸우지는 못하겠다."라고 참담해하며 스스로 관군의 포로가 되었어. 입안의 가시처럼 껄끄러운 존재인 최익현이 붙잡히자 일본은 그를 쓰시마섬[일본 대마도]으로 데리고 가 격리 수용시켰는데, 최익현은 왜놈들이 주는 음식물은 먹을 수 없다며 단식 농성을 하다가 그곳에서 굶어 죽었어.

신돌석은 경상북도 영덕 출신으로 경상도와 강원도의 경계에 있는 일월산을 중심으로 치열한 유격전을 펼쳐 일제의 간담을 서늘하게 만들었던 평민 의병장이야. 사람들은 그를 '태백산 호랑이'라 불렀는데, 그의 휘하에는 수천 명의 병사가 있었어.

최익현 유배도 1930년대에 그려진 그림으로 최익현이 쓰시마섬으로 유배 가는 과정을 담았다.

을사조약 체결 이후에 일어난 격렬한 저항들(1905~1909)

스스로 목숨을 끊은 민영환

거리로 나온 사람들

헤이그에 파견된
이상설·이준·이위종

태백산 호랑이
신돌석 의병 대장

쓰시마섬으로 끌려가 굶어 죽은 최익현

이토 히로부미를 저격한 안중근

하얼빈 역에 내리는 이토 히로부미(왼쪽), 안중근(오른쪽)
1909년 10월 26일 오전 9시 30분, 만주 하얼빈 역에서 안중근 의사는 이토 히로부미를 저격하였다.

한편 을사조약의 부당성을 알리기 위한 의사나 열사들의 투쟁도 세계 각지에서 있었어. 미국에 살고 있던 전명운과 장인환은 미국인 스티븐슨이 '일본의 한국 지배는 정당한 것'이라는 허무맹랑한 연설을 하고 다니자, 샌프란시스코에서 그를 사살했어. 안중근은 1909년에 을사조약 체결의 주역으로, 초대 통감●이었던 이토 히로부미를 만주 하얼빈 역에서 저격하여 우리 민족의 뜻이 어디에 있는지를 확실하게 보여 주었어. 또한 이재명은 을사오적 중의 한 사람인 이완용을 죽이려 했으나 미수에 그치는 등 을사조약 체결 이후에 우리 민족은 국권 회복을 위하여 끊임없이 노력했어.

통감 통감부의 대표자로, 한국의 외교권을 포함한 모든 분야를 감독했다.

□ 고종 황제는 왜 강제로 물러나야 했나요?

사실 을사조약이 체결된 데에는 고종 황제의 나약함도 단단히 한몫했어. 이토 히로부미가 을사조약을 체결하기 위하여 궁궐에 들어왔을 때, 고종 황제가 단호하게 거절했다면 상황은 달라졌을지도 몰라. 허나 고종 황제는 이토의 제안을 거절하지 못하고 대신들에게 책임을 떠넘겨 버렸고, 일본은 황제를 배제한 채, 대신들만 들들 볶아서 결국 다섯 명의 찬성 속에 조약 체결을 세상에 알렸던 거야.

고종 황제는 조약이 체결되고 나서야 강하게 반발하였어. 조약 체결을 자신이 승인하지 않았다고 하면서 미국에 비밀 사절단을 보내 중재를 요청했고, 만국 평화 회의가 열리고 있던 헤이그에 특사를 파견하여 대한 제국의 자주권을 침해하는 일본의 강압을 세계 각국에 호소했지. 그러나 일본의 방해로 헤이그 특사는 소기의 성과를 거두지 못했으며, 일본은 자신들의 체면을 손상시켰다며 고종 황제를 강제로 퇴위시키고 말았어[1907]. 그러고는 한·일 신협약[*]을 체결하여 행정부 차관들을 일본인으로 임명하여 대한 제국의 행정이 통감의 손에서 놀아나게 만들었으며, 대한 제국의 재정이 어렵다는 구실을 붙여서 군대까지 강제로 해산시켜 버렸어.

의병 운동의 전개와 각 지역의 의병장들

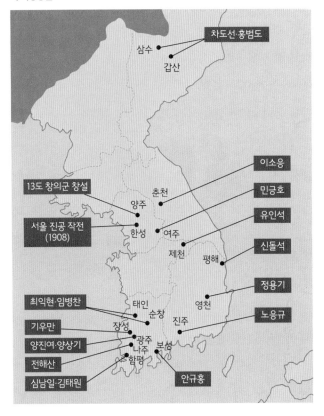

의병 투쟁의 불길이 타오른 이유는요?

고종 황제가 강제로 퇴위당하고 국가 수호의 방패인 군대마저 해산되자, 의병들이 다시 한번 불같이 일어섰어[정미의병(1907)]. 특히 이때는 해산된 군인들이 의병 부대에 합류하여 의병들은 신식 장총을 비롯한 성능이 뛰어난 무기를 가지고 일본군과 싸움을 시작했어. 이제 의병 운동은 항의의 차원을 넘어 전쟁이나 다름없이 전개되었어.

전국 각지에서 일어난 의병 부

대는 '수도 서울에서 일본 놈들을 몰아내야 한다'며, 서로 힘을 합하여 서울로 진격할 것을 결의하였지^{서울 진공 작전}. 의병장 이인영의 주도로 약 1만여 명의 의병들이 경기도 양주에서 13도 창의군을 결성하고, 군사장 허위가 이끄는 300여 명의 선발대가 먼저 서울로 쳐들어

조선 총독부 건물 경복궁 내 광화문 뒤편에 세워졌다. 1910년 국권 피탈 이후 우리 민족의 식민 통치를 위해 설치한 일본 제국주의의 식민 통치 겸 수탈 기관이었다.

갔어. 그러나 일본군의 우세한 화력에 밀려 서울 진공 작전은 실패하고 말았어.

진공 작전이 실패하자, 의병들은 다시 뿔뿔이 흩어져서 각 지역에서 소규모로 일제에 대항했는데, 전라도 지역에서 의병 운동이 가장 활기차게 전개되었어.

일제는 전라도 의병들을 치지 않고서는 한반도를 완전히 점령할 수 없다고 판단했어. 그래서 그들은 전라도 의병들을 진압하기 위한 남한 대토벌 작전¹⁹⁰⁹을 벌였어. 일제의 토벌 작전에 의병들은 혼신의 힘을 다하여 대항하였으나, 전력의 열세를 극복하지 못하고 대부분 사그라지고 말았어. 의병마저 그 빛을 잃어 가자 일제는 이제 더 기다릴 이유가 없었지. 그들은 결국 숨만 겨우 쉬고 있던 대한 제국의 간판을 떼어내고 조선 총독부를 세워 우리 땅을 식민지로 다스리기 시작했어^{한·일 병합(1910)}.

외국인 기자 매켄지가 본 대한 제국의 의병들

매켄지는 영국의 『데일리 메일Daily Mail』 신문사의 특파원으로 1906년부터 2년간 대한 제국에 머물며 의병 활동을 취재하고 사진을 찍었어. 현재 남아 있는 의병 사진은 대부분 매켄지가 찍은 것으로, 다음은 매켄지의 책에 수록된 내용이야.

양평 쪽으로 가면 의병을 만날 수 있다는 말에 우리는 북쪽으로 방향을 틀었다. 으리으리한 한옥에 숙소를 정했다. 저녁을 짓던 김군이 갑자기 달려와 말했다.

"의병이 나타났습니다. 여기 군인들이 왔어요."

의병 대여섯 명이 뜰로 들어서더니 줄을 지어 인사를 건넸다. 무두 18세에서 26세 정도의 청년들이었다. 그 가운데 한 사람은 얼굴이 잘 생기고 키가 훤칠했는데, 군대의 제복을 입고 있었고 나머지는 한복 차림이었다. 그들은 각기 다른 종류의 총을 들고 있었는데, 하나도 성한 것이 없어 보였다. 세상에 이런 총으로 어떻게 일본군과 싸웠단 말인가. 너무도 딱하고 불쌍하였다. 그런데 이들의 눈동자는 반짝거렸고 표정은 자신만만했다. 나는 내 생각이 틀렸다는 것을 깨달았다. 그들은 동포들에게 애국심이 무엇인지를 보여 주고 있었던 것이다.

조금 뒤에 의병을 인솔하는 사람이 도착했다. 그가 전투 상황을 자세하게 말해 주었다.

"오늘 아침 일본군과 전투를 했습니다. 네 명을 쏘아 죽였고, 우린 두 명이 피해를 입었어요."

그의 말대로라면 의병들은 잘 싸운 셈이었다. 그런데 왜 의병들이 쫓기고만 있을까? 젊었을 때 호랑이 사냥꾼이었다는 80세 할아버지 의병이 내 궁금증을 풀어 주었다.

"우린 맨손으로 싸워요. 일본군은 무기가 훨씬 좋고 강해요. 언젠가는 우리 의병 200명이 일본군 40명과 맞붙어 진 적도 있어요."

의병들은 몹시 힘든 상황에서도 나라를 위해 보람 있는 일을 하고 있다는 확신에 차 있었다.

다른 의병이 한마디 했다.

"우린 어차피 죽게 되겠지요. 그러나 좋습니다. 일본의 노예가 되어 사느니, 자유민으로 싸우다 죽는 것이 훨씬 낫습니다."

매켄지, 『자유를 위한 한국의 투쟁Korea´s fight for freedom』(1920)

매켄지가 찍은 의병들

10 애국 계몽 운동은 어떻게 전개되었나?

□ 애국 계몽 운동이란 무엇인가요? □ 애국 계몽 운동에 나섰던 단체들은요?
□ 교육과 언론은 어떤 역할을 하였나요? □ 국채 보상 운동은 또 뭐예요?
□ 일본은 애국 계몽 운동을 어떻게 탄압했나요? □ 애국 계몽 운동의 의의는요?

□ 애국 계몽 운동이란 무엇인가요?

을사조약¹⁹⁰⁵의 강제 체결로 전국에서 항일 의병 운동이 활화산처럼 일어나고 있을 때, 다른 한편에서는 교육, 언론, 종교와 같은 문화 활동과 산업 진흥을 통하여 민족의 실력을 길러 국권을 회복하자는 '애국 계몽 운동'이 거세게 일어났어.

애국 계몽 운동을 추진했던 사람들은 대한 제국이 주권 국가로서 당연히 가지고 있어야 할 외교권을 빼앗긴 것은 민족의 실력이 없기 때문이라고 생각했어. 그래서 국권을 되찾으려면 실력을 길러야 한다고 주장했어. 이들은 '실력만이 살길이다. 민족의 힘을 기르자.'며 교육을 통하여 국민의 지혜를 북돋우고, 산업을 발전시켜 나라의 부를 일으켜 세우자고 외치며 계몽 운동을 전개했어.

□ 애국 계몽 운동에 나섰던 단체들은요?

일제가 국권을 침탈하는 과정에서 가장 먼저 만들어진 애국 계몽 운동 단체는 보안회였어. 보안회는 러·일 전쟁¹⁹⁰⁴ 중에 일본이 한반도의 황무지를 자기들이 개간하겠다고 하자 이에 대응하기 위하여 조직된 단체로, 국민 여론을 환기시켜 일본의 황무지 개간 요구를 포기시켰어. 뒤를 이어 나타난 헌정 연구회는 을사조약의 강제 체결에 항의하기 위하여 설립된 단체로, 반일 운동과 함께 입헌 의회 제도를 주장하였지. 헌정 연구회를 승계하여 설립된 대한 자강회는 전국 각지에 지회를 설치하고, 월보 간행과 강연회 개최 등을 통해 활발한 계몽 운동을 전개하였으며, 일본이 고종 황제의 퇴위를 강요하자 이에 반대하는 운동을 적극적으로 펼쳐 나갔어.

1907년에는 국권 회복을 위한 비밀 결사 단체인 신민회가 만들어졌어. 안창호, 양기탁이 중심이 되고 언론인, 종교인, 교사, 학생 들로 결성된 이 단체는 통감부의 감시를 피하기 위하여 비밀리에 국권 회복과 공화정에 바탕을 둔 근대 국가 건설을 목표로 활동했지. 신민회는 평양에 대성 학교, 평안도 정주에 오산 학교를 세워 민족 교육을 실시하였

으며, 교과서와 각종 서적을 출판하기 위하여 평양과 대구에 태극 서관을 만들기도 했어. 또한 민족 자본을 육성하기 위하여 평양에 자기 회사를 설립하여 운영하였으며, 민족주의 신문인 『대한매일신보』를 통해 국민 계몽에 앞장섰지. 한편, 신민회의 간부들은 민족의 독립 역량을 기르기 위하여 통감부의 감시가 미치지 않는 만주의 삼원보와 한흥동에 독립운동 기지를 건설하여 훗날 일본을 상대로 독립 전쟁을 할 수 있는 터전을 마련해 놓았어.

□ 교육과 언론은 어떤 역할을 하였나요?

애국 계몽 운동가들이 민족의 실력을 기를 수 있는 방법으로 가장 중시한 것은 교육이었어. 이들은 교육을 통해서 애국심을 기르고 일제의 침략으로부터 국권을 지킬 수 있다고 믿었지. 따라서 여러 단체가 학교를 세우고 교재를 계발하여 민족의 실력을 기르는 데 앞장섰어. 보성 학교, 양정 학교, 오산 학교, 대성 학교 등 민족 지도자들에 의해 수많은 사립 학교가 세워져서, 일제가 우리 땅을 강점하기 전까지 전국적으로 학교가 수천여 개나 설립되었어.

애국 계몽 운동은 신문과 잡지를 통해서도 활발하게 전개되었는데, 독립 협회의 기관지인 『독립신문』에 이어서 『제국신문』, 『황성신문』, 『대한매일신보』, 『만세보』 등이 발간되어 국권 회복을 위한 계몽 운동을 이끌었지. 특히 『황성신문』은 여러 차례 반일 논설을 실었으며, 을사조약이 강제로 체결되자 조약의 부당성

『황성신문』

『대한매일신보』와 발행인 베델

애국계몽운동기 때 발행된 신문들

신문 이름	창간 연도	폐간 연도	특기사항
『제국신문』	1898	1910	순 한글 신문, 여성과 하층민이 주 독자
『황성신문』	1898	1910	개신 유학자 층이 주 독자
『대한매일신보』	1904	1910	구독자 수 1위의 신문, 의병 투쟁에 호의적
『국민신보』	1906	1910	친일 단체 일진회의 기관지
『만세보』	1906	1910	천도교 기관지
『경향신문』	1906	1910	천주교 기관지
『대한신문』	1907	1910	친일 내각의 기관지
『대한민보』	1909	1910	대한 협회 기관지

※ 창간 연도는 제각각이나 폐간 연도는 모든 신문이 1910년으로, 일제는 한·일 병합 후에 모든 신문을 폐간시켜 버렸다.

을 알리는 '시일야방성대곡'을 실어 우리 국민의 적극적인 대응을 촉구했어. 『대한매일신보』는 영국인 베델이 사장으로 있어서 다른 신문에 비해 활동이 자유로웠기 때문에 통감부의 통제에도 불구하고 일제의 침탈을 비난하는 글을 자주 실었으며, 항일 의병의 활동상과 같은 민족 운동에 관한 기사를 실어 우리 민족의 사기를 올려 주었어.

한편, 애국심을 고취할 수 있는 책을 만들어 보급하는 활동도 활발하게 전개되었어. 『을지문덕전』, 『강감찬전』, 『이순신전』과 같은 영웅들의 이야기를 담은 책이 출판되었으며 『월남 망국사』, 『미국 독립사』 같은 외국의 흥망사를 다룬 책들도 보급되어 민족의 힘을 기르는 데 도움을 주었지.

☐ 국채 보상 운동은 또 뭐예요?

애국 계몽 운동은 경제 분야에서도 활발하게 이루어졌는데, 국채 보상 운동이 대표적이야. 대한 제국은 일본에 정부의 1년 예산에 해당하는 1천 3백만 원의 빚을 지고 있었어. 애국 계몽 운동에 앞장섰던 민족 지도자들은 이 빚을 갚지 않고서는 일본의 손아귀에서 벗어날 수 없다고 판단하였지. 그래서 시작한 것이 일본 빚 청산 운동인 '국채 보상 운동'이야[1907].

이 운동은 『대한매일신보』와 『황성신문』의 후원 아래 전국적으로 확산되었어. 많은 남자들이 담배나 술을 끊어 모금에 참여하였으며, 여성들은 반지나 비녀 등을 팔아 후원금을 내는 등 전

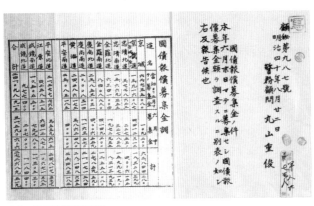

국채 보상 운동 헌금자 명단

국민의 열렬한 호응으로 상당히 많은 돈을 모금하였어. 그러나 일본의 방해로 빚을 청산하는 데까지는 이르지 못했지.

비록 이 운동은 실패로 끝났지만, 일제의 국권 침탈이 진행되는 시기에 우리 국민들을 단합시키고 애국심을 고취시키는 데 큰 역할을 수행했어.

□ 일본은 애국 계몽 운동을 어떻게 탄압했나요?

을사조약 이후 설치된 통감부는 조선 강점을 눈앞에 두고 우리 민족의 저항을 원천적으로 봉쇄하기 위하여 4대 악법이라 할 수 있는 신문지법, 보안법, 학회령, 출판법을 만들어 우리 민족이 반발하는 것을 막으려 했어.

신문지법[1907]은 신문들이 일제의 침탈에 비판적인 기사를 쓰지 못하게 하기 위해 만든 법으로 신문 발행이 허가제가 되었으며, 사전 검열을 통하여 발매 및 반포 금지, 발행 정지, 발행 금지 등을 할 수 있게 했어. 보안법[1907]은 집회와 결사의 자유를 박탈하고 일제에 대한 비판을 금지하기 위하여 만든 법이야. 학회령[1908]은 학회의 설립을 허가제로 하여 학회의 정치적 활동을 일체 금지시킨 법이며, 출판법[1909]은 사전 검열을 통하여 일제의 식민 통치에 방해가 될 만한 문서와 도서의 출판이나 배포를 금지하고, 위반할 경우 가혹한 처벌을 가했던 법이야.

이와 같은 악법 때문에 우리 민족은 기본적인 권리마저 누릴 수가 없었으며, 다수의 언론 기관과 학회가 해산되었고, 일제 통치에 해가 될 만한 서적들은 모두 불온서적으로 취급되어 압수당하는 수모를 겪어야 했어.

□ 애국 계몽 운동의 의의는요?

애국 계몽 운동은 교육과 산업 진흥을 통하여 민족의 실력을 양성하고 이를 바탕으로 일제에 빼앗긴 국권을 회복하려는 구국 민족 운동이었지. 따라서 이 운동은 교육과 언론, 종교 등 다방면에서 전개되어 민족의 역량을 키워 나가는 데 기여했어. 특히 비밀 결사 단체로 만들어진 신민회는 국내에서의 애국 계몽 운동 외에도 국외에 무장 독립 투쟁의 기반을 조성하여 일제와의 향후 투쟁에 대비하였고 국민 국가 건설을 구상하기도 했어.

하지만 애국 계몽 운동도 문제는 있었어. 애국 계몽 운동을 주도했던 사람들은 '일본 놈들을 우리 땅에서 쫓아내지도 못하면서, 무고한 백성들을 현혹시켜 죽음의 구렁텅이에 몰아넣고 있다'면서 의병 운동을 주도했던 사람들을 비난했어. 그러나 이들의 말처럼 교육이나 산업 육성과 같은 온건한 방법만으로 한반도를 통째로 삼키려고 작심하고 달려든 일제의 간악한 흉계를 물리칠 수 있었을지에 대해서는 의심하지 않을 수 없어. 여기에 애국 계몽 운동에 투신했던 사람들 중 일부는 일제가 우리 땅을 식민지로 다스렸던 1920년대에 '일제의 식민 통치를 인정한 상태에서 자치권을 부여받자'며 적극적인 친일 행위를 하기도 했어. 따라서 애국 계몽 운동이 국권 회복을 위한 최선의 방안만은 아니었다고 말할 수 있지.

애국 계몽 운동기 때의 베스트셀러

『월남 망국사』

『구운몽』

신문에 실린 『금수회의록』 광고

통감부는 1909년에 통치 자료로 활용하기 위하여 우리 민족이 좋아하는 책을 비밀리에 조사했어. 아래의 책 순위표가 바로 그 자료야. 이것으로 보았을 때, 역사 분야의 베스트셀러들은 모두 외국 흥망사들이라는 걸 알 수 있지. 이는 당시 사람들이 다른 나라의 흥망성쇠 속에서 역사적 교훈을 찾아 우리 민족이 나아갈 바를 찾으려 했음을 알 수 있어. 소설은 『자유종』, 『금수회의록』 같은 신소설이 팔리고 있었지만, 『구운몽』이 1위인 걸 보면 고전 소설 또한 많이 팔리고 있음을 알 수 있어. 신문은 일제의 침탈에 가장 비판적이었던 『대한매일신보』를 많이 보았어. 『대한매일신보』는 구독률 2위 신문인 황성신문에 비해 발행 부수가 수십 배나 많았을 정도로 당시 사람들에게 신뢰감을 얻고 있었지.

순위	역사 분야	소설 분야	신문 분야
1	『월남 망국사』	『구운몽』	『대한매일신보』
2	『폴란드 망국사』	『사씨남정기』	『황성신문』
3	『미국 건국사』	『처원전』	『제국신문』
4	『스위스 건국사』	『몽견법』	『국민신보』
5	『이태리 건국사』	『심청전』	『대한신문』

11

개화기에 들어온 신문물들은?

☐ 무엇을 어떻게 배웠나요? ☐ 생활 모습은 어떻게 바뀌었나요?
☐ 통신과 교통수단도 크게 변했다지요? ☐ 어디서 병을 고쳤을까요?

☐ 무엇을 어떻게 배웠나요?

서당에서 한자 위주로 교육을 받던 조선의 아이들이 서양 학문을 접한 것은 1883년부터였어. 개항장이어서 신문물을 접하기 쉬웠던 원산의 덕원 주민들은 최초의 근대식 사립 학교인 원산 학사를 설립하여 아이들에게 무술과 함께 근대 학문을 가르쳤어. 한편, 조선 정부는 개화 정책을 추진하는 과정에서 근대 학문을 가르치는 학교가 꼭 필요하다고 느껴, 서울에 최초의 근대식 관학인 육영 공원[1886]을 설립하였어. 공원이라고 하니까, 사람들이 휴식을 취하러 가는 놀이터가 연상되지만, 육영 공원은 학교였어. 이 학교의 학생은 70명으로 젊은 관리 중에서 선발하여 영어를 위주로 산수와 지리, 역사 등을 공부했어. 헐버트, 길모어, 번커와 같은 미국인 교사를 초빙하여 공부를 가르쳤지. 그러나 재정난으로 개교 8년 만인 1894년에 폐교되고 말았어.

개신교 계통의 사립 학교는 1885년에 세워진 배재 학당이 최초야. 이 학당은 미국인 선교사 아펜젤러가 세운 학교로, 개교할 때는 학생이 두 명이었으나 곧 10명 정도로 늘어나 정동 주변에 집을 한 채 사서 정식으로 학교를 열게 되었어. 이 소식을 들은 고종 황제가 '인재를 배양

하라'는 의미에서 '배재 학당'이라고 이름을 붙여 주었고. 수업 과목은
영어를 중심으로 지리, 역사, 음악, 미술, 체육 등이었어. 이화 학당은
1886년에 개교한 최초의 여학교야. 처음에는 유교 관습에 얽매인 부모
들이 딸들의 공부를 탐탁지 않게 생각하여 학생 모집에 어려움을 겪었
어. 그러나 시일이 지나면서 점차 학생 수가 불어나 여학교로서의 명성
을 떨칠 수가 있었지.

배재 학당과 이화 학당의 성공적인 운영으로 경신 학교, 정신 여학
교, 숭실 학교, 배화 여학교 등 여러 사립 학교가 차례로 설립되었어.
이 학교들은 선교사들에 의해 설립되었는데, 교육과 함께 선교 활동을
폭넓게 전개하기 위하여 선교사들이 학교 설립에 적극적으로 나섰지.

우리 민족의 자본으로 세워진 민족 학교들은 애국 계몽 운동이 전개
되던 시기에 만들어지기 시작했어. 교육을 통하여 민족의 실력을 기르
기 위하여 민족 지도자들이 팔을 걷어붙이고 학교 설립에 나섰지. 보성

학교, 양정 의숙, 진명 여학교, 숙명 여학교, 중동 학교, 대성 학교, 오산 학교가 이 시기에 민족 자본으로 설립된 학교이며, 멀리 간도에서는 서전 서숙이 세워졌어.

□ 생활 모습은 어떻게 바뀌었나요?

외국과 교류가 빈번하게 이루어지면서 상투를 틀고 흰색 한복을 입고 살았던 조선 사람들의 옷에도 변화가 일기 시작했어. 일본과 미국을 견문하고 돌아온 사람들이 서양 옷인 양복을 입기 시작하면서 거리에는 양복을 입고 중절모를 쓴 남자들이 간혹 눈에 띄었어.

여성들의 옷도 학교를 다니는 학생들을 중심으로 조금씩 달라졌어. 개량 한복이라고 할 수 있는 통치마가 생겨났고, 외출을 할 때 남자들에게 얼굴을 보이지 않기 위하여 머리 위로 뒤집어썼던 장옷과 쓰개치마가 점차 사라지며 거리에는 검정 우산으로 얼굴을 가리고 굽이 높은 똑딱 구두를 신고 걸어가는 여성들이 조금씩 늘어났어.

김치와 된장국만 있으면 밥 한 그릇을 다 먹었던 조선 사람들의 식생활에도 변화가 생겼어. 서양 요리법이 소개되고 포크와 나이프를 사용하여 양식을 먹는 사람들이 많아졌지. 특히 고종 황제는 서양 요리를 무척

고종의 후궁인 엄귀비가 서양식 옷차림을 한 모습.

좋아했어. 부인인 명성 황후가 살해당한 이후에 고종 황제는 암살에 대한 두려움 때문에 궁궐 내 수라간에서 만든 음식을 제대로 먹지 못했어. 이때 고종 황제의 배고픔을 해결해 준 사람들이 외국 공사나 선교사 부인들이었어. 이들은 자신들이 즐겨 먹는 요리를 만들어 고종 황제에게 진상했으며, 서양 요리에 맛을 들인 고종 황제는 궁궐 내 수라간에 서양 요리를 만드는 주방을 따로 만들게 했을 정도로 양식을 즐겼어.

서양 음식 외에 청과 일본 음식도 유행했어. 인천으로 청

나라 상인들이 많이 들어오면서 우리나라 사람들의 식성에 맞게 개량된 짜장면이 만들어졌으며, 호떡과 만두도 유행했어. 또 일본 음식점과 과자 가게가 서울 거리에 생겨났으며, 입안에 넣고 가면 십 리 동안은 물고 간다는 십 리 사탕도 이때부터 큰 인기를 얻기 시작했어.

주거 양식에도 변화가 생겨 초가집이나 기와집에서 주로 살았던 조선 사람들에게 서양식 집은 대단한 구경거리였어.

개항장을 중심으로 일본식 집과 개량 한옥●이 들어섰으며, 교회나 학교를 서양 건물 형태로 짓기도 했어. 약현 성당최초의 서양식 성당(1892) 러시아 공사관, 명동 성당, 덕수궁의 석조전이 이때 지어진 서양식 집으로, 특히 명동 성당1898은 언덕 위에 고딕식으로 우람하게 지어져 서울의 랜드 마크 역할을 톡톡히 수행했어. 한편 덕수궁의 석조전1910은 대리석으로 지은 르네상스 양식의 건물이었어.

명동 성당(서울 중구)

개량 한옥 우리의 전통 가옥을 외부는 그대로 놔둔 채, 내부만 서양인이 살기 좋게 고친 집.

□ 통신과 교통수단도 크게 변했다지요?

1898년 궁궐 안에 우리나라 최초로 전화가 설치되었어. 이후 1900년대에는 서울 시내에 전화가 가설되어 사람들 사이에 화제가 되기도 했어. 이때의 전화기는 수동식으로 전화를 걸면 먼저 교환원이 받아 상대방을 연결시켜 주었는데, 어떤 사람이 물건도 전화기 선에 매달면 다른 곳으로 보내지는 줄 알고 멀리 사는 아들에게 보낼 물건을 전화선에 매달았다는 코미디 같은 이야기가 전해지고 있어.

서울 시내에 전차가 다닌 것은 1899년이야. 쇠로 만든 커다란 물체가

개화기의 전화 교환원

사람을 태우고 움직이는 것을 보고 사람들은 처음에는 두려워했어. 또한 의식이 있는 사람들은 전차와 같은 서양 문물을 외세의 침탈과 동일시하여 경원시하였는데, 어느 날 움직이는 전차에 어린 아이가 사고를 당하자, 서울 시민들은 분노하여 전차를 뒤집고 불태워 버리기도 했어. 그러나 점차 적응이 되면서 전차가 재미있다는 소문이 돌아 전차를 타기 위해 일부러 서울 나들이를 오는 지방 사람도 생겨났어.

기차는 1899년 경인선이 개통되면서 한반도의 동맥 역할을 하기 시작했어. 그 후 경부선, 경의선이 차례로 만들어지며 물자와 사람을 나라 안팎으로 실어 나르게 되었지. 하지만 우리 근대사에서 철도와 기차는 사람들의 생명과 재산을 빼앗고 고통과 원성을 불러일으킨 애물단지이기도 했어.

철도는 모두 일본에 의해 완공되었는데, 일제가 약 66억 제곱미터가 넘는 땅을 철도 부지로 헐값에 빼앗아 갔으며, 철길을 놓으면서 공사 기간 동안 연 인원 1억 명이 넘는 조선인을 데려다 하루 12시간 이상씩 강도 높은 노동을 시켜 사람들의 원성이 자자했어. 현실이 이러하

1899년 서울에서 운행된 전차(왼쪽)와 경인선 개통 당시의 기차(오른쪽)

개화기의 자동차 창덕궁에 전시 중인 순종 황제 어차(왼쪽)와 고종 황제가 탔던 것과 같은 '포드 A형 리무진'의 모습이다(오른쪽).

다 보니 철도가 가져다주는 수많은 이점에도 불구하고 철도는 의병들의 주 공격 대상이 되었어.

우리나라의 첫 자동차는 미국에서 들어온 '포드 A형 리무진'으로 1903년에 고종 황제 즉위 40주년을 맞이하여 수입되었어.

□ 어디서 병을 고쳤을까요?

우리나라 최초의 서양식 병원은 미국인 선교사 알렌이 1885년에 만든 광혜원이었어. 선교사들은 대부분 의사를 겸임하였는데, 알렌 또한 마찬가지였어. 의사 교육을 받고 선교 활동을 위해 조선에 온 알렌은 갑신정변 때 부상을 입은 민비의 조카 민영익을 치료해 준 인연으로 고종의 총애를 받게 되었고, 고종의 도움으로 광혜원을 세워 운영할 수 있었어. 이 병원은 나중에 제중원으로 이름이 바뀌었어.

대한 제국 시대인 1899년에는 국립 병원인 광제원이 세워졌어. 이 병원은 서양 의술과 한방 의술을 함께 했던 병원으로 1907년에 대한 의원으로 이름을 바꾸어 환자 치료뿐 아니라 의료 요원까지 양성했어.

제중원(왼쪽)과 서울역 앞에
세워진 세브란스 병원(오른쪽)

1904년에는 세브란스 병원이 설립되어 가난한 환자의 치료에 힘썼으며, 1909년에는 각 지방에 도립 병원인 자혜 의원이 세워져서 지방 사람들도 서양 의술로 치료받을 수 있게 되었어.

이것이 한국 최초!

최초의 전등은 1887년 경복궁 안 건청궁 앞에 세워졌다

전등은 1879년 미국의 에디슨이 발명했어. 조선 정부는 그로부터 8년 뒤인 1887년에 에디슨 전기 회사에 직접 부탁하여 왕의 침실인 건청궁 앞에 처음으로 전등을 가설했어. 경복궁 안에 있는 향원지의 물로 발전을 하여 불을 밝혔어. 하지만 전력 공급이 원활하지 않아서 제멋대로 꺼졌다 켜졌다를 반복하여 건달처럼 건들건들하다고 해서 '건달불'이라는 불명예스러운 이름을 얻기도 했고, 물로 켜진다 해서 '물불', 묘한 불이라 해서 '묘화'라 불리기도 했어.

1887년 경복궁 건청궁에 세워진 최초의 전등

최초의 여성 유학생은 김란사였다

이화 학당 출신의 김란사는 일본과 미국에서 공부를 하고 돌아와 정계와 교육계에서 활발한 활동을 펼쳤어 (이후 남편인 하상기의 성을 따라 하란사로 불렸어). 그러나 그는 1919년 의친왕을 파리 강화 회의에 보내 독립을 호소하게 하라는 고종 황제의 비밀 편지를 받고 베이징에 갔다가 목숨을 잃었어. 당시 교포들이 준비한 만찬장에 왔던 일제의 첩자 배정자(이토 히로부미의 애첩)에 의해 독살되었다는 설이 있어.

김란사(1872~1919)

최초의 사진관은 '천연당 사진관'이다

우리나라 최초의 사진사는 지운영이야. 김용원이
1884년 일본인 사진사를 데려다 촬영국을 세우자, 그는
그곳에서 사진 기술을 배웠대. 최초의 사진관은 '천연당
사진관'으로 김규진이라는 사람이 문을 열었어. 당시 천
연당에서 사진을 1장 찍는 값은 쌀 두 말 반값인 1원이었
다고 해.

1907년 서울 중구 소공동에 있던 천연당 사진관

최초로 양복을 입은 사람은 개화 지식인 서광범이었다

서광범은 1881년 일본에 조사 시찰단으로 갔을 때, 그곳에서 훗날
세브란스 병원을 세우는 언더우드를 알게 되었어. 그런데 이때 언더우
드가 서광범에게 양복을 입어 볼 것을 권유하여 서광범은 검은색 양
복을 한 벌 구입하게 되었대. 옷을 입어 본 서광범은 양복이 한복에 비
해 무척 편리하다는 것을 느껴 개화파 동료인 김옥균, 박영효에게도
권유했고 이로 인해 양복을 입는 사람이 늘어나게 되었다고 해.

서광범(1859~1897)

최초의 유학생은 유길준이다

유길준은 1881년 조사 시찰단으로 일본에 가 일본 근대화 운동의
주역인 후쿠자와 유키치 밑에서 공부했어. 그 후 1883년에 보빙사의
일원이 되어 미국으로 가서 1년간 워싱턴과 보스턴 대학에서 공부를
하고 미국과 유럽 여러 나라를 둘러본 후 국내로 들어왔어. 1889년 유
길준이 쓴 『서유견문』은 이때 보고 들은 이야기를 바탕으로 쓴 서양
여행기야.

유길준(1856~1914)

최초의 광고는 세창 양행 광고다

1886년 『한성주보』 제 4호에 독일계 무역 회사 세창 양행의 '덕상 세창양행고백'이란 광고가 실렸어. 여기에는 세창 양행이 파는 다양한 물품들이 적혀 있는데, 호랑이·담비·수달 등의 가죽과 조개·소라와 같은 해산물, 외국에서 들여 온 자명종·만화경·뮤직 박스·램프 등이었어. 이 광고 속에는 "아이나 노인이 온다 해도 속이지 않고 공정한 가격으로 팔겠다."라는 문구가 들어 있었어.

『한성주보』에 실렸던 세창 양행 광고

최초의 서양식 호텔은 손탁 호텔이다

손탁은 독일 사람으로 초대 러시아 공사인 베베르와 동행하여 조선에 와서 궁궐에 들어가 양식 조리와 외빈 접대를 담당했던 사람이야. 그 후 고종 황제로부터 정동에 있는 가옥 한 채를 하사받게 되어 1902년 호텔로 단장했는데, 이것이 바로 우리나라 최초의 호텔인 손탁 호텔이야. 현재는 표지석만 남아 있어.

서울 정동에 있던 손탁 호텔 전경

최초의 공원은 인천에 있는 각국 공원이다

1883년 개항된 인천에는 조계가 많았어. '조계'는 우리 정부의 간섭이 없이 외국인이 모여 사는 지역을 말해. 지금의 인천 송학동, 송월동, 북성동에 각국의 서양인들이 모여 사는 조계가 있었지. 이들이 응봉산 자락에 공원을 만들었는데, 이 공원이 바로 각국 공원이야. 공원 이름은 나중에 만국 공원, 서공원을 거쳐 현재는 자유 공원으로 불리고 있어.

1888년 만들어진 각국 공원의 모습

3 우리 민족은 일제에
어떻게 대항했을까?

12 일제의 통치 방식이 세 번 변한 까닭은?

13 기미년 3월 1일, 대한 독립 만세!

14 1920년대 국내의 민족 운동은 어떻게 전개되었나?

15 중국과 만주에서 무장 투쟁을 전개한 까닭은?

16 민족 문화를 지키기 위한 노력은 어떻게 전개되었나?

1910   일제 강점기가 시작되다.

1914   대한 광복군 정부가 수립되다.

1919   3·1 운동이 일어나다. 대한민국 임시 정부가 수립되다.

1920   봉오동 전투와 청산리 대첩이 일어나다.

1923   암태도 소작 쟁의가 일어나다. 조선 물산 장려회가 조직되다.

1926   6·10 만세 운동이 일어나다.

1927   신간회가 조직되다.

1929   광주 학생 항일 운동이 일어나다. 원산 총파업이 일어나다.

1931   만주 사변이 일어나다.

1932   이봉창·윤봉길 의사가 의거를 일으키다.

1940   한국광복군이 결성되다.

1942   조선어 학회 사건이 일어나다.

12

일제의 통치 방식이 세 번 변한 까닭은?

- □ 사라진 나라, 대한 제국? □ 일제는 우리 민족을 어떻게 탄압했나요?
- □ 무단 통치기 때 일제의 만행은요? □ 문화 통치가 기만전술이라고요?
- □ 우리의 민족성까지 말살시키려 한 까닭은?

□ 사라진 나라, 대한 제국?

일제는 대한 제국의 외교, 군사, 행정, 사법, 치안 등 모든 분야를 장악하고 마지막으로 병합을 강요했어. 이때 대부분의 국민들은 우리나라가 일본의 식민지가 되는 것을 결사반대했지. 그러나 일본은 친일파 단체인 일진회의 이용구, 송병준 등을 앞세워 찬성 운동을 펼쳐 나갔어. 이는 우리나라가 일본에 병합되는 것이 마치 우리 민족의 요청에

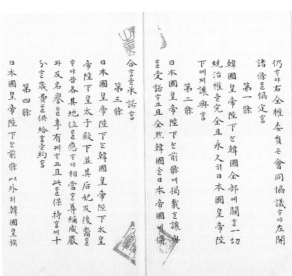

병합을 주도한 데라우치 통감(왼쪽)과 한·일 병합 조약의 내용을 담은 문서(오른쪽)

의해 이루어지는 것처럼 보이게 하기 위해서였어.

결국 1910년 8월 22일, 일제는 군대와 경찰을 전국 각지에 배치하여 공포 분위기를 조성한 후, 총리대신 이완용과 데라우치 통감이 한국 병합에 관한 조약을 체결했어한·일 병합 조약. 이로써 우리 민족은 이후 36년 동안 일제의 폭압 속에서 식민지 백성으로 살게 되었지.

□ 일제는 우리 민족을 어떻게 탄압했나요?

대한 제국의 국권을 강탈해 간 일본은 조선 총독부를 설치하여 식민지 기간 내내 강압적으로 통치했어. 조선 총독부의 책임자인 총독은 일본의 육·해군 대장 중에서 임명하여 행정·입법·사법 및 군대 통솔권까지 손에 쥐고 우리 땅에서 막강한 권력을 행사했고, 조선 총독부의 주요 관직은 일본인들이 독차지했어. 물론 한국인들이 자신들의 통치에 협력하고 있다는 것을 보여 주기 위하여 중추원을 총독 자문 기구로 만들어 의원들을 우리나라 사람들로 임명했어. 그러나 중추원 의원은 친일파 일색이었으며, 1919년 3·1 운동이 일어나기 전까지 단 한 번의 회의도 열지 않아서 이 기구가 어용 기구●였음을 확실하게 보여 주었어.

어용 기구 자신의 이익을 위하여 권력자나 권력 기관에 협력하거나, 정부 등 사용자의 지원을 받고 그 요구대로 행동하는 단체를 말한다.

일본은 한반도 지배 방식을 세 번 바꾸었어. 처음에는 헌병 경찰을 앞세워 강압적으로 통치했지무단 통치. 하지만 1919년 3·1 운동이 일어나자, 일제는 무력으로만 통치하는 데에 한계가 있음을 깨닫고 '문화 통치'로 전환했어. 우리 민족의 문화와 관습을 존중하면서 한민족의 이익을 위한 정치를 한다며 문화 통치라고 선전했지만, 이는 국제 사회에 일본의 식민 정책이 한민족의 발전에 도움이 된다는 것을 보여 주기 위한 위장술에 불과했고 실제로는 친일파를 많이 길러 우리 민족을 이간, 분열시키려는 아주 교묘한 기만정책이었어.

일본 통치 방법의 변화

통치 방식	무단 통치기 (헌병 경찰 통치기)	문화 통치기 (민족 분열 통치기)	병참 기지화 정책기 (민족 말살 통치기)
시기	1910 ~ 1919	1919 ~ 1931	1931 ~ 1945
특징	• 무력으로 통치 • 토지 조사 사업 실시 • 회사령 실시(허가제)	• 회유책 사용 (그러나 기만전술) • 산미 증식 계획 • 회사령 폐지(신고제)	• 황국 신민화 정책 • 병참 기지화 정책 • 인적, 물적 수탈 자행

1930년대 접어들면서 일제의 통치술은 다시 바뀌었어. 1931년에 일제는 만주 사변을 일으켜 대륙 침략을 시작하더니, 1937년에는 중·일 전쟁으로 중국 대륙 침략을 본격화하였어. 1941년에는 미군 기지가 있는 하와이의 진주만을 기습 공격함으로써 태평양 전쟁을 일으켰지. 이 전쟁들을 치르는 과정에서 일제는 한국 젊은이들을 전쟁터에 내보내고 전쟁에 필요한 물자를 한반도에서 대기 위해 우리 민족의 혼을 완전히 말살시키고자 했어. 이를 민족 말살 정책이라고 해.

☐ 무단 통치기 때 일제의 만행은요?

일제는 한·일 병합 후에 한국인의 모든 정치 활동을 금지시키고 민족의식을 고취시키는 것은 무엇이 되었든 철저하게 탄압했어. 대한 협회, 서북 학회와 같은 애국 계몽 운동 단체들이 해체되었으며, 『황성신문』, 『대한매일신보』와 같은 우리 민족의 눈과 귀가 되었던 신문들도 폐간되었지. 우리말과 우리 역사를 가르치는 교과서를 비롯하여 민족의식을 기를 수 있는 영웅들의 이야기가 담긴 『을지문

덕전』,『연개소문전』과 같은 책들도
전부 몰수하여 없애 버렸어.

또한 일제는 독립 의지를 가지고 있
는 사람들의 사기를 꺾기 위하여 전국
곳곳에 헌병을 배치하여 경찰 업무를
수행하게 하였으며, 이들에게 즉결 처
분권을 주어 반항하는 사람들을 탄압
했지. 헌병은 군대의 기강을 확립하는
군인인데, 이들에게 사회 전체의 기강

칼을 찬 교사들 1910년대 학
교 교사의 모습. 조선 총독부
는 우리 민족을 위협하고 굴
복시키기 위하여 학교의 교
사들에게도 제복을 입게 하
고 칼을 차도록 했다.

을 바로 잡는 경찰 업무를 맡겼다는 것은 강압적인 방법으로 우리 민족의
독립 의지를 꺾겠다는 의도에서 나온 일이야. 여기에 공부를 가르치는 교
사들에게도 제복을 입히고 칼을 차게 했어. 공포 분위기를 조성하여 자신
들의 통치에 반발하는 사람이 없게 하기 위해서였지.

이 시기에 일제는 경제적으로도 우리 민족에게 큰 고통을 주었어. 국
권을 빼앗은 직후에 일제는 교묘한 방법을 동원하여 토지를 약탈해 갔
어. 조선 총독부는 근대적 토지 소유권 제도를 확립한다는 명분으로
1912년부터 1918년까지 기간을 정해 놓고 개인 소유의 토지를 신고하
게 했어. 그러나 신고 절차가 복잡했고 일본에 대한 악감정이 많았던 때
라 수많은 농민들은 경작하는 땅을 기한 내에 신고하지 않았어. 더구나
문중 소유의 토지나 마을 사람들이 공동으로 소유하고 있던 토지, 왕실
이나 공공 기관 소유의 땅들은 특별히 신고할 사람이 없어서 대부분 신
고되지 않았지. 그런데 예고된 신고 기한이 지나자 조선 총독부는 이런
땅들을 전부 주인 없는 토지로 분류하여 자기들 소유로 만들어 버렸어.
이렇게 약탈한 토지는 동양 척식 주식회사에서 관리하며 한반도로 이
민 오는 일본인들에게 싼 값에 넘겨주어 그들의 배를 불려 주었지.

이러한 경제 수탈 속에서 우리 농민들은 힘들게 살 수밖에 없었어.

동양 척식 주식회사 서울에 있던 동양 척식 주식회사 경성지사의 모습이다. 조선의 경제를 독점적으로 수탈하기 위하여 1908년에 만든 일본의 국책 회사였다.

대부분의 농민들은 농촌에서 뼈가 빠지게 일하며, 하루하루를 근근이 버텼지. 심지어 농촌의 척박한 현실에서 도저히 살 수 없었던 사람들은 도시로 이주하여 임금 노동자로 살기도 했고 광산 노동자로 떠돌기도 했으며 국경을 넘어 만주나 연해주로 이주하여 새로운 삶을 개척하기도 했어.

한편, 산업 분야에서도 일제의 수탈은 여지없이 이루어졌어. 조선 총독부는 회사령을 공포하여 회사를 설립할 때는 반드시 총독의 허가를 받도록 규정하여 민족 자본이 성장하는 것을 막았어. 인삼, 소금, 담배 등과 같이 돈이 많이 벌리는 사업은 조선 총독부만 할 수 있도록 전매 제도를 시행하여 조선 총독부의 수입을 늘렸으며, 삼림·광산·어장을 일본인들이 거의 독점적으로 운영하여 우리 민족의 힘이 성장하는 것을 철저히 막았지.

□ 문화 통치가 기만전술이라고요?

문화 통치기는 1920년대로, 그 발단은 1919년에 일어난 3·1 운동이었어. 우리 민족 전체가 단합하여 3·1 운동을 일으키자, 일제는 한민족을 무조건 강압적으로 통치하다가는 '큰일이 날 수도 있겠다'는 생각을 하게 되었어. 그래서 조선 총독부는 '조선에서 문화의 발달과 민력의 충실'이라는 구호 아래 무력으로만 통치하던 정책에서 벗어나 우리 민족을 회유하려는 이른바 '문화 통치'를 실시했어.

일제는 일단 군대의 대장만 할 수 있던 조선 총독의 자격 기준을 고쳐 문관 총독도 임명될 수 있도록 했어. 그리고 일본인만 임명되던 조선 총독부의 관리를 한국인도 할 수 있게 하였으며, 헌병 경찰제를 보통 경찰제●로 바꾸었어. 또한 교육의 기회를 확대한다고 발표하였으며, 언론·집회·결사의 자유를 부분적으로 허용하여 한글로 된 신문의 간행을 허용하기도 했어.

보통 경찰제 지금 경찰처럼 민간인 중에서 선발한 경찰.

따라서 문화 통치는 피상적으로만 판단하면 이전 시기에 비하여 많은 부분에서 우리 민족의 자치를 허용한 정책이야. 하지만 이 정책은 '눈 가리고 아웅' 하는 식의 정책 변화여서 실제로는 매우 교묘하게 우리 민족을 탄압하는 정책이었어. 즉 무단 통치기의 정책들이 드러내 놓고 우리 민족을 탄압하는 것이었다면, 문화 통치기의 정책들은 겉으로는 우리 민족의 입장을 반영하고 있는 듯했지만, 내부적으로는 더 가혹한 방법으로 우리 민족을 탄압한 정책들이었어.

예를 들어 헌병 경찰제를 보통 경찰제로 바꾸었지만, 전국 각지에 경찰서를 더 많이 설치하였고, 경찰관의 수도 대폭 증가시켜 더욱 촘촘하게 사람들을 감시했어. 또한 문관 총독을 임명한다고 발표했으나, 1945년 해방이 될 때까지 문관 총독은 단 한 명도 임명되지 않았어.

이러한 문화 통치는 일제의 의도대로 우리 민족을 분열시키는 데 어느 정도 효과가 있었어. 민족의 독립을 위해 헌신했던 민족 지도자들 중 일부는 조선 총독부의 회유 정책에 속아 넘어가 '빠른 시기에 독립은 힘드니, 일제의 통치를 인정한 상태에서 우리 민족의 자치권을 부여받자'는 자치론을 주장하면서 일제에 협조하기 시작했고, 시일이 갈수록 일제의 문화 통치에 동조하는 사람들이 많아졌어.

한편 이 기간에 일제는 '산미 증식 계획'을 수립하여 우리 농촌을 곤경에 빠트렸어. 일본은 제1차 세계 대전● 기간에 급속한 공업화가 진행되며 농촌 인구가 도시로 많이 유입되었어. 이 과정에서 식량 부족이 심각해져서 쌀값이 폭등했어. 상류층보다 하루살이 인생이나 다름없

제1차 세계 대전 세계 여러 나라가 개입하여 1914년부터 1918년까지 치러진 전쟁.

일본으로 가져가기 위해 군산
항에 쌓아 놓은 쌀.

었던 노동자, 농민층이 피해를 더 크게 입었어. 특히 도시의 빈민층인 노동자들에게 쌀값 폭등은 오늘내일 굶어 죽을 수도 있다는 위기감을 느끼게 했고, 이들의 불안은 폭발하기 일보 직전까지 갔어.

일제는 본토의 식량 문제를 해결하기 위해 한반도에서 쌀 생산을 늘릴 계획을 짰어. 1920년부터 15년 계획으로 저수지와 같은 수리 시설을 확충하고 쌀의 품종을 개량하는 등 생산량 증대에 적극 나섰지.

결과는? 산미 증식 계획은 우리 민족의 삶을 피폐하게 만들었어. 일제가 증산량보다 훨씬 많은 쌀을 자국민을 위하여 일본으로 가져갔기 때문에 우리의 식량 사정은 한층 악화되어 극심한 식량난으로 고통을 받아야 했지.

한편 일제는 회사령을 철폐하여 신고만 하면 회사를 설립할 수 있도록도 했어. 조선 총독부는 회사령 철폐가 우리의 민족 기업을 육성하기 위한 정책이라고 그럴싸하게 포장했으나 이 또한 자국 기업의 이익을 극대화하기 위한 기만전술이었을 뿐, 우리 민족을 위한 정책은 분명 아니었어. 물론 회사령이 철폐되어 민족 자본가들도 경성 방직 회사, 동아일보, 조선일보와 같은 회사들을 설립할 수 있었어. 허나 이 정책은 본토에 있는 일본 대기업의 수익 구조가 악화되자, 그들이 우리의 자원과 노동력을 헐값으로 활용하여 높은 수익을 올릴 수 있도록 하기 위하여 조선 총독부가 취한 자국 경제를 위한 기만정책이었을 뿐이야.

이처럼 일제는 3·1 운동 이후에 한국인의 이익을 위하여 문화 통치를 시행한다고 선전하였지만, 실제로는 '양의 탈을 쓴 늑대'처럼 더 음흉하게 우리 민족을 착취했어.

□ 우리의 민족성까지 말살시키려 한 까닭은?

1931년 일제는 만주 사변을 일으켜 중국 대륙 침략을 본격화하면서 우리 민족을 철저히 자국민화하려 했어. 그들은 한국과 일본의 조상이 같다는 '일·선 동조론', 내지인^{일본인}과 선인^{조선인}은 한 몸이라는 '내선 일체론'과 같은 터무니없는 주장을 하며, 일본 천황을 위하여 충성을 다해야 한다는 '황국 신민화 정책'을 추진하여 우리의 민족성을 철저히 말살하려 했지.

이 시기 일제는 우리말과 우리 역사 교육을 금지하였으며, 성과 이름을 일본식으로 고치는 창씨개명을 강요하였어. 또한 전국 각지에 일본 왕실의 조상을 모시는 신사를 세워 참배하도록 하였으며, 어린 학생까지도 천왕에게 충성을 맹세하는 황국 신민 서사를 외우도록 강요하였어.

한편, 이 시기 일본은 한반도를 침략 전쟁에 사용할 전쟁 물자를 보급하는 병참 기지로 이용하고자 했어. 지금도 일본의 극우 세력들은 '한국이 지금처럼 발전한 것은 일본이 일제 강점기 때 큰 공장을 지어 주고 철도를 놓아 주는 등 한국을 선진화시켰기 때문^{식민지 근대화론}'이라고 하면서 한국은 일본의 지배를 오히려 감사해야 한다는 황당무계한 주장을 펴고 있어. 허나 일본 극우 세력의 이러한 주장은 그야말로 말도 안 되는 억지 주장이야. 당시 우리 민족이 스스로 원해서 일본의 식민지가 된 것이 아니었으며, 또 당시에 건설된 중화학 공장들도 일본이 중국 대륙 침략 전쟁을 효율적으로 수행하기 위하여 만들었을 뿐이지, 우리 민족의 발전을 위해 만든 것은 아니었거든.

일제의 전쟁터로 끌려갔던
일본군 '위안부'들(왼쪽)과
일제가 부족한 노동력을 보
충하기 위해 끌고 간 조선인
강제 징용자들(오른쪽)의 모
습이다.

일제는 1940년대로 접어들면서 '공출'이라는 이름으로 식량뿐 아니
라 전쟁에 필요한 물자들까지 강제로 약탈해 갔어. 일본은 1941년에
미국의 하와이에 있는 미군 기지 진주만을 기습하여 기세 좋게 태평양
전쟁을 시작하였으나 점차 전세가 불리해졌어. 더구나 전쟁 물자가 딸
리자 고철, 놋그릇, 수저 등 무기를 만드는 데 도움이 되겠다 싶은 금속
은 무엇이 되었든지 간에 빼앗아 가는 악행을 저질렀어.

물론 일제의 수탈은 이것만이 아니었어. 한국인을 강제로 끌고 가서
광산이나 공장에서 부려 먹었으며, 지원병·학도 지원병·징병제를 차
례로 실시하여 우리의 많은 젊은이들을 전쟁터에서 죽게 만들었어. 여
성들도 근로 보국대, 여자 근로 정신대 등의 이름으로 끌고 가 노동력
을 착취하였으며, 많은 수의 여성을 전쟁터에 끌고 가 위안부 생활을
하게 해서 평생을 절망 속에 살게 만들었어. 일본군 '위안부'란 '일제에
의해 강제로 전쟁터에 끌려가서 성 노예 생활을 했던 한국, 중국, 필리
핀 등지의 여성'들을 말하는데, 이들은 지금까지도 그때의 후유증으로
고통스러운 삶을 살고 있어. 그러나 일본은 지금도 일본군 '위안부' 자
체를 인정하지 않으며, 끝까지 자기들은 잘못이 없다고 오리발을 내밀
고 있어.

위안부 협상과 평화의 소녀상

근자에 들어와 전국 각지에는 '평화의 소녀상'이 들어서고 있어. 소녀상은 일본군 '위안부' 문제의 조속한 해결을 촉구하기 위해 조직된 한국정신대문제대책협의회가 매주 수요일에 서울 종로에 있는 일본 대사관 앞에서 개최하고 있는 집회인 '수요 집회' 1천 회를 맞이하여 2011년 12월 14일에 일본 대사관 앞에 세운 것이 처음이야. 이후 소녀상 설립 운동이 추진되어 여러 형태의 소녀상이 국내는 물론 해외에도 예술 작품처럼 모습을 드러내고 있어.

일본 정부는 여러 곳에 소녀상이 세워진 것에 부담을 느꼈는지 정식 외교 문제로 삼아 우리 정부에 철거를 요청하고 있어. 하지만 우리 국민들 특히 지금 생존해 계시는 피해자 할머니들의 마음에 딱 맞아 떨어지는 해결 방안을 제시하지 않아 현재도 평화의 소녀상은 지속적으로 더 세워지고 있어. 딱히 평화의 소녀상 문제가 아니라도 일본 정부는 꼼수만 부릴 것이 아니라 세계 평화를 위해서라도 '위안부' 할머니들한테 공식적으로 잘못했다 사죄를 하며 '위안부' 문제 해결에 적극 노력해야 할 거야.

수요 집회 모습 '위안부' 피해자와 시민단체, 학생들이 모여 일본 정부의 사과를 촉구하는 자리이다.

13

기미년 3월 1일,
대한 독립 만세!!

☐ 3·1 운동이 일어난 계기는 무엇인가요?

"기미년¹⁹¹⁹ 3월 1일."

이 말만 나와도 대한민국 사람은 누구나 '아! 3·1 운동' 하지. 이처럼 우리 민족에게 3·1 운동은 바로 어제 일어난 일처럼 생생하게 느껴지는 자랑스러운 만세 시위 운동이야.

1910년 일제에게 국권을 빼앗긴 이후, 일제로부터 독립하는 일은 우리 민족 최고의 목표가 되었어. 따라서 도화선만 있으면 독립운동은 곧바로 불타오를 수 있었는데, 그 계기가 1919년에 나타났지.

제1차 세계 대전이 끝나고 패전국 문제를 해결하기 위한 강화 회의가 파리에서 열렸는데, 미국 대통령 윌슨은 회의에 참석하러 가면서 식민지의 독립을 강조하는 '민족 자결주의[●]'가 미국의 입장이라고 밝혔어. 이러한 소식을 접한 민족 지도자들은 이 기회를 이용하여 독립을 쟁취하고자 여러 가지 활동을 펼쳤지.

중국 상하이에서 독립운동을 했던 신한 청년단은 김규식을 파리 강화 회의에 대표로 파견하여 우리 민족의 독립 의지를 전 세계에 알리고자 했어. 1919년 2월, 일본에서 공부를 하고 있던 한국인 유학생들은 조선 청년 독립단을 조직하여, 도쿄에서 한국의 독립을 요구하는 독립

민족 자결주의 민족의 일은 자기 민족 스스로 결정한다는 원칙을 실현하려는 사상. 1918년에 미국의 윌슨 대통령이 제창하고 파리 평화 회의에서 채택되어 식민지 국가의 독립운동에 많은 영향을 끼쳤다.

선언서와 결의문을 발표했지2·8 독립 선언. 국내에서도 종교계와 학생들이 중심이 되어 독립운동을 준비하고 있었는데, 도쿄에서 유학생들이 만세 시위 운동을 벌였다는 소식이 들려오자 더 이상 지체할 수 없었어. 민족 지도자들은 손병희를 중심으로 33인의 대표를 뽑아 독립 선언서를 작성하고 전국의 주요 도시에서 만세 시위운동을 계획했어.

서울에서는 33인의 민족 대표들이 3월 1일 정오에 태화관에서 독립 선언서를 발표하였어. 곧이어 학생과 시민들은 탑골 공원에 모여 독립 선언서를 낭독하고 태극기를 흔들며 대한 독립 만세를 외쳤어. 이 운동은 이후 전국 방방곡곡으로 퍼져 5월 초순까지 계속되었으며, 해외에 사는 동포들도 시위에 동참하여 우리 민족의 독립 의지를 세계만방에 알렸지.

예상치 못한 사태에 당황한 일본은 군대와 경찰을 동원하여 평화 시위를 총칼로 무자비하게 진압했어. 수원의 제암리에서는 마을 사람 전체를 교회 안에 가두고 불을 질러 몰살시켰으며, 유관순처럼 시위를 주도했던 사람들은 감옥에 가두고 혹독한 고문을 하는 등 일제의 탄압은 이루 말할 수 없었어. 하지만 일제의 이러한 탄압 속에서도 우리 민족의 독립 의지는 꺾이지 않고 계속 이어져, 저항 운동은 1945년 8월 15일 해방이 될 때까지 국내 또는 해외에서 계속 전개되었어.

유관순(1902~1920)

☐ 3·1 운동의 성격과 의의는요?

3·1 운동은 일제의 무단 통치에 반발하여 거족적으로 일어난 대규모 만세 시위운동이야. 요즘으로 말하자면 '촛불 집회'라고 할 수 있지. 우리 민족은 이 운동을 통해서 민족의 목표가 완전한 자주독립임을 확인할 수 있었으며, 대한민국 임시 정부 탄생의 발판을 마련했지. 여기에 일제는 3·1 운동 이후, 우리 민족을 무조건 강압적으로 통치해서는 안 된다고 생각하여 무단 통치에서 문화 통치로 정책을 바꾸었어.

한편, 3·1 운동은 아시아 각국의 민족 운동에도 영향을 미쳤어. 중국에서는 5·4 운동이, 인도에서는 간디의 비폭력·불복종 운동이 일어나는 계기가 되었으며, 베트남, 필리핀, 이집트에서도 3·1 운동에 자극을 받아 민족 독립운동이 전개되었지.

☐ 대한민국 임시 정부는 어떻게 수립되었나요?

3·1 운동은 우리 민족의 최대 염원인 독립으로 곧장 이어지지는 못했어. 하지만 조금만 더 노력하면 우리도 독립할 수 있다는 희망과 의지를 갖게 했으며, 국내는 물론 국외에서도 임시 정부 수립 운동에 박차를 가하는 계기가 되어 주었지.

3·1 운동이 일어나기 전에 연해주에서는 대한 광복군 정부[1914]가 조직되었어. 3·1 운동이 한창 전개되고 있을 무렵에는 국내에서 13도 대표가 모여 독립운동을 체계적으로 해 나가기 위하여 한성 정부를 만들었어. 또한 중국 상하이에서는 대한민국 임시 정부가, 연해주●에서는 대한 국민 의회가 조직되었어.

이처럼 여러 독립운동 단체가 만들어졌는데, 이들은 어떻게 독립운동을 전개했을까? 독립운동을 주도했던 민족 지도자들은 전 국민의 열

연해주 두만강 위쪽 동해 가까이에 있는 러시아의 영토로, 대표 도시는 블라디보스토크이다. 일제 강점기에 우리 동포들 다수가 이곳에서 독립 운동을 전개했다.

망인 독립을 쟁취하기 위해서는 여러 정부를 두기보다 하나의 정부로 통합하여 운영하는 것이 좋겠다고 판단했어. 그래서 수차례 회의를 거쳐 각지에 별도로 세워진 세 개의 임시 정부를 상하이에 있는 대한민국 임시 정부로 통합했어.

그런데 여기서 한 가지 의문이 생겨. 왜 정부를 국내에 두지 않고 상하이에 두었을까? 그것은 상하이가 일제의 영향력이 덜 미쳤을 뿐만 아니라 세계 각국의 공사관이 있어서 외교 활동을 전개하기에 편리했기 때문이야. 민족 지도자들은 이 점을 고려하여 대한민국 임시 정부를 상하이에 두었던 거지.

□ 대한민국 임시 정부의 구성과 의의는요?

상하이로 단일화된 대한민국 임시 정부는 삼권 분립 원칙에 따라 입법 기관으로 임시 의정원, 사법부로 법원, 행정부로 국무원을 갖춘 우리 민족 최초의 민주 공화제 정부였어.

새 임시 정부는 대통령 이승만, 국무총리 이동휘를 선출하여 조직했는데, 이로써 일제의 식민지가 된 지 9년 여 만에 우리 민족은 자주독립을 위한 구심점을 확실히 만들게 되었고, 이후 1945년 해방이 될 때

1921년 1월 1일, 상하이의 대한민국 임시 정부 및 임시 의정원 신년 축하식 기념사진이다. 맨 앞줄 왼쪽에서 세 번째에 임시 정부 경무국장 김구, 둘째 줄 중앙에 임시 대통령 이승만이 보인다.

까지 대한민국 임시 정부는 대외적으로 우리 민족을 대표하며 조국 광복에 매진했어.

□ 대한민국 임시 정부는 어떤 활동을 했나요?

대한민국 임시 정부는 파리 강화 회의에 참석하고 있던 김규식을 민족 대표로 인정하여, 회의에 참석한 각 나라의 대표들에게 우리 민족의 독립 의지를 알리게 하는 한편, 국내에 있던 사람들에게 임시 정부의 활동상을 홍보하며 민족의식을 높이기 위하여 다양한 활동을 전개했어.

대한민국 임시 정부는 국내와 연결을 강화하기 위하여 비밀 행정 조직망인 연통제를 설치하여 운영하였으며, 통신 기관으로 교통국을 두어 정보 수집과 분석 및 국내와의 연락 업무를 담당하게 하였어. 만주에는 이륭 양행, 국내의 부산에는 백산 상회를 개설하여 거점으로 삼았으며, 『독립신문』을 발간하여 독립운동 상황을 소상히 보도함으로써 각 지역에 사는 동포들의 독립 의지를 더욱 드높였지. 그리고 여러 독립운동 단체에 독립운동의 방향을 제시해 주었어.

미국과 중국에서 발행된 대한민국 임시 정부의 독립 공채.

한편, 대한민국 임시 정부는 독립운동 자금을 마련하기 위하여 독립 공채를 발행하거나, 국민 의연금을 거두기도 했는데, 공채가 발행되면 국내나 중국의 동포들은 물론 미국이나 멕시코에 살던 동포들도 적극적으로 공채를 구입하여 임시 정부 활동을 도왔어.

독립 만세 운동에 참여한 제암리 사람들

경기도 화성시에 제암리라는 동네가 있어. 1919년 3·1 운동 당시에 이곳 동네 사람들도 만세 시위에 참가했어. 일제는 군대까지 동원해 만세 운동을 잠재우려 했지.

4월 15일, 일본군 제20사단 78연대 소속의 아리타 다케오 중위가 이끄는 군인들이 제암리에 와서 만세 운동 때 저지른 야만적인 행위를 사과하겠다고 하면서 만세 시위 참가자들을 교회당에 모이게 했어. 대부분의 사람들은 궁금해하며 나왔지만, 눈치가 빠른 몇몇은 나오지 않았어. 조선인 형사까지 나서서 집을 일일이 찾아가 닦달을 해서 명단에 적힌 사람들 모두를 교회 안으로 불러들였어.

그러고는 교회 정문을 닫아걸고 창문을 통한 집중 사격과 함께 석유를 뿌려 교회당을 전소시켜 버렸어. 학살의 증거를 없애 버리려고 한 거야. 이때 참변을 당한 마을 사람들이 무려 23명이었어.

현재 경기도 화성시 제암리에는 제암리 3·1 운동 순국 기념관이 세워져 있어. 이곳에 가면 당시 학살의 참담한 모습을 살필 수 있어.

학살로 폐허가 된 제암리 교회

학살 현장에서 발굴된 시신을 한꺼번에 모셔 놓은 무덤

14

1920년대 국내의 민족 운동은 어떻게 전개되었나?

☐ 민족의 실력을 양성하려는 노력은 어떠했나요?

3·1 운동 이후 국내에서는 일본의 지배를 받는 것은 우리가 약하기 때문이라고 주장하는 목소리가 커졌어. 그러면서 일제로부터 독립하기 위해서는 먼저 경제, 사회, 문화 면에서 실력을 길러야 한다는 '민족 실력 양성 운동'이 전개되었지.

경제 분야에서 일어난 민족 실력 양성 운동은 물산 장려 운동[1920]이 대표적이야. 1920년대 회사령의 철폐로 민족 자본에 의한 경성 방직 회사, 평양의 메리야스 공장과 같은 민족 기업이 들어서면서 우리 민족의 자본으로 만든 물건을 쓰자는 국산품 애용 운동이 일어났어. 이를 '물산 장려 운동'이라 하지. 민족주의자 조만식이 주도하여 시작된 이 운동은 '내 살림 내 것으로', '조선 사람 조선 것으로', '우리는 우리 것으로 살자' 등의 구호를 앞세워 국산품 애용 운동과 함께 민족 자본 육성 운동을 함께 전개했어. 이 운동에 학생들은 자작회⬩를, 여성들은 토산품 애용 부인회를 만들어 적극 동참했지.

교육 분야에서는 교육 차별에 저항하여 '우리 손으로 대학을 설립하자'는 민립 대학 설립 운동[1922]이 이상재, 윤치호 등에 의하여 추진되었어. 그러나 일제는 민립 대학 설립 운동을 좌절시키기 위해 서둘러 경

자작회 연희 전문학교 학생 염태진 등 50여 명이 조선 물산을 장려하여 자급자족 정신을 기를 목적으로 1922년 조직하였다.

성 제국 대학을 설립했지. 결국 우리 민족의 손으로 대학을 설립하자는 운동은 실패로 돌아가고 말았어.

한편, 학생들은 방학을 이용하여 농촌으로 내려가 야학이나 강습소를 열어 우리말과 역사, 지리를 가르치고 문맹 퇴치와 함께 민족의식을 높이는 데 힘썼어. 특히 문맹 퇴치 운동은 언론이 앞장섰는데, 『조선일보』는 문자 보급 운동을 전개하였고, 『동아일보』는 '브 나로드 운동'을 벌여 농촌의 생활과 문화를 개선시키려고 했어.

브 나로드 운동 포스터 19세기 후반 러시아에서 일어난 농촌 계몽 운동인 브 나로드는 '인민 속으로'의 뜻을 담고 있다.

소작농 지주의 땅을 빌려서 농사짓는 농민.

□ 농민과 노동자는 어떻게 대항했나요?

일제에 의한 식민지 경제 정책의 최대 피해자는 농민이었어. 일제는 대한 제국을 식민지로 삼자마자 토지 조사 사업을 실시하여 농민 대다수를 소작농°으로 전락시켜 버렸으며, 1920년대에는 일본 본토의 쌀 부족 문제를 해결하기 위하여 산미 증식 계획을 실시하여 우리 농촌을 황폐화시켜 버렸어.

농민의 대다수를 차지하는 소작농은 수확량의 50퍼센트를 지주에게 소작료로 내야 했어. 이외에도 농사를 짓는 데 들어가는 부대 비용을 소작농이 부담하는 경우가 대부분이어서 실제로 농민이 내는 소작료는 수확량의 3분의 2에 달했어. 상황이 이러하다 보니 농민들은 농민 조합을 조직하여 부당한 지주의 횡포에 대항하며 소작료를 내려달라는 소작 쟁의를 일으켰지. 1930년대 전반기에만 매년 100건 이상의 소작 쟁의가 전국 각지에서 발생했을 정도로 일제 농업 정책에 대한 반발은 심했었어.

1920년대에 들어서면서 사회주의 사상의 유입과 함께 노동 운동도 나타나게 돼. 우리나라는 농업이 중심이었기에 1910년대까지만 해도 노동자는 그리 많지 않았어. 그러나 1920년대로 접어들어 회사령이 철

원산 총파업 모습(왼쪽)과 암태도 소작 쟁의를 기념하는 기념탑(오른쪽, 전남 신안). 원산 총파업은 3천여 명의 노동자가 일본인 관리자의 횡포에 대항하여 약 4개월 동안 투쟁하여 국제적으로 파문을 던졌다. 암태도 소작 쟁의는 일본인 대지주를 상대로 쟁의를 성공시킨 일제 강점기 시절 대표적인 소작 쟁의이다.

폐되고 일본 사람들이 공장을 많이 설립했을 뿐만 아니라 민족 자본가들도 기업 설립에 적극적으로 나서면서 노동자가 점차 늘어나게 되었어. 그런데 문제는 노동의 대가로 받는 임금이 너무 적었고, 작업 환경이 매우 열악했다는 거야. 이러한 이유 때문에 노동자들은 노동조합을 조직하여 임금 인상과 노동 환경 개선을 주장하며, 일제 자본가에게 대항하는 노동 쟁의를 일으켰지.

소작 쟁의와 노동 쟁의는 농민이나 노동자들이 먹고 살기 위해 일으킨 생존권 투쟁이었지만, 동시에 이 운동은 일제를 상대로 한 항일 독립운동의 성격을 가지고 있었어. 그래서 일제는 소작 쟁의나 노동 쟁의를 아주 가혹하게 탄압했지.

□ 3·1 운동 이후의 시위는 어떻게 이루어졌나요?

3·1 운동 이후 일제의 감시와 탄압이 교묘하게 강화되면서 국내의 독립운동은 크게 제약을 받게 되었어. 물론 그렇다고 해서 독립운동이 완전히 사라진 것은 아니었지. 일제의 감시에서 조금은 자유로웠던 학생들이 만세 시위운동을 계속 주도해 나갔어.

6·10 만세 운동은 대한 제국의 마지막 황제였던 순종의 장례식이 치러졌던 1926년 6월 10일에 학생들이 주도하여 일으킨 만세 시위운 동이야. 순종의 상여가 종로를 지나갈 때 학생들은 '일본 제국주의 타도'를 외치며 만세 시위를 시작했어. 거리에 나온 시민들이 시위운동에 합세하여 전국으로 퍼져 나갔지. 일제는 이 운동 또한 무자비하게 탄압하여 시위에 참가했던 수많은 사람들이 체포, 투옥되는 시련을 겪었어.

1929년 11월 3일에는 전라도 광주^{현재의 광주광역시}에서 반일 시위가 발생했어. 나주에서 광주로 기차 통학을 하는 일본인 학생이 기차 안에서 한국인 여학생을 희롱하여 한국인 학생들과 일본인 학생들 사이에 충돌이 일어났지. 그런데 경찰이 일방적으로 일본 학생 편을 들었어. 이에 격분한 한국인 학생들은 민족 차별에 대한 분노와 반일 감정을 한꺼번에 폭발시키며 대규모 시위를 일으켜 광주는 물론이려니와 삽시간에 전국으로 확대되며 만주·일본으로까지도 확산되었지.

이처럼 학생들은 3·1 운동 이후에도 시위를 주도하면서 일제의 통치를 정면으로 부정했고, 1945년 해방이 될 때까지 일제의 탄압에도 불구하고 비밀 결사 조직을 만들어 반일 투쟁을 계속해 나갔어.

'여고보생도 참가 고보생시위 행진'이라는 제목으로 광주에 서 있었던 한·일 학생들의 충 돌에 대해 보도한 신문 기사.

이슈! 물산 장려 운동

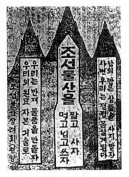

물산 장려 운동 포스터

물산 장려 운동은 1920년대에 일제의 경제 수탈 정책에 항거하여 우리 민족이 범국민운동으로 벌였던 민족 경제 자립 실천 운동이야. 3·1 운동으로 민족의식이 고양되며 만세 운동에 적극 참여했던 민족 지도자들은 우리 스스로 강해지기 위한 노력이 절실함을 몸소 느끼고, 1920년 조선 물산 장려회를 조직하여 경제 자립 운동을 거족적으로 펼쳤어. 당시 조선 물산 장려회가 실천하고자 했던 '물산 장려 운동' 실천 요강은 세 가지였어.

1. 의복은 남자는 무명베 두루마기를, 여자는 검정 물감을 들인 무명 치마를 입는다.
2. 설탕, 소금, 과일, 음료를 제외한 나머지 음식물은 모두 우리 것을 사 쓴다.
3. 일상용품은 우리 토산품을 상용하되, 부득이한 경우 외국산품을 사용하더라도 경제적 실용품을 써서 가급적 절약을 한다.

결국 물산 장려 운동은 국산품 애용 및 근검절약을 통해 우리 민족의 힘을 길러 일제 치하로부터 독립하자는 자력 자강 운동이었어. 하지만 자본가와 상인들이 개인 이익을 취하는 등 부작용이 발생하면서 1932년 이후 급속하게 쇠퇴하였어.

경성 방직 주식회사에서 만든 국산 면직물(광목)인 태극성 광고 '우리가 만든 것 우리가 쓰자'라며 국산품 애용을 장려하고 있다.

15

중국과 만주에서 무장 투쟁을 전개한 까닭은?

□ 1920년대의 무장 투쟁은 어떻게 전개되었나요?

1920년대 일제를 상대로 한 독립운동은 그 방향이 여러 갈래로 나누어져 있었어. 열강들과의 외교를 강화하여 독립을 되찾자는 외교론, 민족의 실력을 먼저 기른 후에 독립을 이루자는 민족 실력 양성론준비론, 무력을 사용하여 독립을 쟁취해야 한다는 무장 독립 투쟁론, 지금 현 상황에서는 일제의 힘이 강해서 어떤 방법으로도 독립이 불가능하니 우선은 민족의 자치권을 얻는 데 주력해야 한다는 자치론 등 다양한 세력으로 말이야.

여기서 퀴즈 하나! 위에 나열된 여러 독립운동 방법들 중 가장 적극적인 독립운동은 뭘까?

뭐 안 봐도 뻔하다고? 물론 그렇겠지. 당연히 무장 독립 투쟁론이지.

3·1 운동 당시 일제의 무자비한 탄압을 목격한 많은 사람들은 무장을 하고 직접 싸우는 길이 일제로부터 빠른 시일 안에 독립을 쟁취하는 길이라고 생각했어. 그래서 3·1 운동 이후에 간도와 연해주에서는 수많은 독립군 부대가 편성되었지. 이때 만들어진 독립군 부대가 대한 독립군, 북로 군정서군, 서로 군정서군, 군무도독부, 국민회군, 혈성단 등이었어.

1920년대로 접어들면서 독립군 부대들은 화력이 우세한 일본 군대를 상대로 싸움을 시작했어. 1920년 6월, 만주 봉오동 골짜기에서는 홍범도가 이끄는 대한 독립군, 최진동·최운산● 형제가 이끈 군무도독부, 안무의 국민회군이 연합하여 봉오동으로 쳐들어오는 일본군 1개 대대를 상대로 혈전을 벌여 다수의 일본군을 죽거나 다치게 하는 전과를 기록했지봉오동 전투.

같은 해 10월, 청산리에서는 독립군의 무장 독립 투쟁 역사상 가장 큰 승리인 청산리 대첩이 있었어. 봉오동 전투의 패배로 자존심이 상한 일본군은 기관포와 대포로 중무장한 5천여 명의 군인들을 독립군 토벌에 투입했어. 이때 김좌진이 이끄는 북로 군정서군과 홍범도의 대한 독립군은 청산리 일대에 거주하는 우리 동포들의 도움 속에 백운평, 완루구, 천수평, 어랑촌, 고동하 등지에서 6일 동안 10여 차례의 전투를 치르면서 수많은 일본군을 살상하는 대승을 거두었어청산리 전투.

청산리 전투에 중대장으로 참전했던 이범석은 회고록 『우등불』에 그때 일을 회상하며 다음과 같이 적고 있어.

"교전은 아침부터 저녁까지 계속되었다. 굶주림! 그러나 이를 의식할 시간도 먹을 시간도 없었다. 마을 아낙네들이 치마폭에 밥을 싸 가지고 빗발치는 총알 사이로 산에 올라와 한 덩이 두 덩이 동지들의 입에 넣어 주었다. …… 얼마나 성스러운 사랑이며, 고귀한 선물이랴! 그 사랑 갚으리, 우리의 뜨거운 피로! 기어코 보답하리, 이 목숨 다하도록! 우리는 이 산과 저 산으로 모든 것을 잊은 채 뛰고 또 달렸다."

봉오동 전투와 전투와 청산리 전투가 벌어진 곳

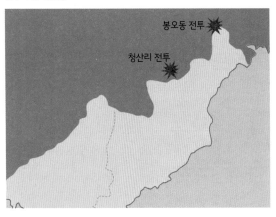

이 글을 통해 우리는 청산리 전투에 직접 참가한 독립군 이외에도 많은 동포들이 전쟁의 승리에 도움이 되었음을 알 수 있어. 결국 청산리 전투는 간도[*] 지방에 사는 우리 동포들의 물적·인적 참여가 있었기에 막강한 화력으로 무장한 일본군을 무찌를 수 있었던 거야.

한편, 두 번의 전투를 통해 큰 타격을 입은 일본 군대는 우리 민족이 많이 살던 간도 지역에서 독립군의 씨를 말리기 위하여 간도의 동포들을 대대적으로 탄압하는 작전을 전개했어. 일제는 독립군에 협조했거나, 협조할 가능성이 있는 사람들을 죄다 잡아 죽이고 약간만 반항해도 집과 농작물을 불태워 버렸어. 이 때문에 우리 동포들이 고생하며 일군 삶의 터전이 한순간에 쑥대밭이 되어 버렸지. 이 사건을 간도 참변[1920]이라고 해.

이런 만행에도 독립군들은 만주에서 계속 활동했냐고? 어쨌을 것 같아. 그랬을 것 같다고. 그건 아니야. 독립군들은 어려움에 처한 동포 사회를 보전하고 무장 독립 투쟁을 계속 이어가기 위하여 러시아 땅인 자유시로 이동했어. 자유시가 어디냐고? 시베리아에 있어. 시베리아는 당시 러시아 땅으로, 1910년대에서 1920년대로 넘어올 때 러시아는 레닌에 의한 공산주의 혁명으로 사회가 매우 불안정했어. 특히 시베리아는 레닌의 공산혁명을 지지하는 적군赤軍과 구체제인 러시아 왕정을 지지하는 백군이 서로 주도권을 잡기 위해 치열하게 다투고 있었어. 이 당시에 적군 세력은 약소민족의 해방을 적극 지원해 주겠다며 자기들 홍보에 열을 올리고 있었어.

일제의 무자비한 탄압에 살 길을 찾아야 했던 우리 독립군에게 소련 적군의 선전은 오랜 가뭄 끝에 만나는 단비와도 같았어. 독립군 지도부는 장시간의 회의 끝에 독립군 부대를 하나로 합쳐 자유시로 들어가 전열을 재정비하기로 결정했어.

그런데 아뿔사! 자유시에서 독립군들은 대오 정비는커녕 좌절만 맛

간도 만주 지역을 우리 동포들이 부른 이름. 자세히 구분하면 압록강 이북 지대를 '서간도', 두만강 이북 지대를 '북간도' 혹은 '동간도'라고 하나 일반적으로 간도 하면 우리 민족이 많이 거주했던 북간도 일대를 말한다.

보고 말았어. 소련 적군이 우리 독립군들을 자기들 세력 확장에만 이용하려 들었어. 일제를 상대로 한 독립운동에 목말라 있던 우리 독립군들은 당연히 반발했지. 독립군 전체가 반발했냐고? 그건 아니야. 일부 독립군 세력은 적군의 지원을 받고 있었기에 그들의 결정에 동조했어.

적군은 우리 독립군이 자기들 말에 고분고분 따르지 않자, 뜻을 관철하기 위해 독립군의 무장 해제를 시도하며 무차별적으로 공격해 왔어. 이때 많은 독립군들이 자유시에서 억울한 희생을 당하고 말았으며 _{자유시 참변, 1921} 천우신조로 살아남은 일부 독립군들은 다시 만주로 들어와 전열을 재정비했어. 이후 우리 독립군은 참의부, 정의부, 신민부로 재편성되어 만주 일대에서 일제를 상대로 한 무장 독립 투쟁을 계속 이어갔어.

참의부는 대한민국 임시 정부 직할 부대로 압록강 연안 지역을 주무대로 활약을 했어. 정의부는 남만주 일대를 관할했고, 신민부는 북만주 일대에서 활동하며 우리 동포들의 신변 안전을 위하여 노력함과 동시에 압록강과 두만강을 넘나들며 만주와 한반도 북부 지대에서 일본군과 치열한 전투를 벌였어.

간도 참변으로 독립군 부대를 싹쓸이 했다고 판단한 일제 입장에서 3부의 창설과 활동은 미치고 팔짝 뛸 노릇이었어. 일제는 우리 독립군을 탄압하기 위한 방안을 다시 모색해야 했어. 어떤 방법을 사용했냐고? 당시 만주를 장악하고 있던 군벌과 합동으로 독립군을 색출하는 협정을 체결하여 우리 독립군이 만주에서 활동하는 것을 적극적으로 막으려 했어. 이건 또 무슨 쇼냐고? 1925년이었어. 조선 총독부 경무국장 미쓰야는 만주 군벌 대표와 우리 독립군을 일본군과 만주 군벌이 공동으로 소탕하고 체포된 독립군과 무기를 일본군에 넘기면 그 대가를 지불한다는 협정을 체결했어_{미쓰야 협정}.

○ 한국인의 무기 휴대와 한국 내 침입을 엄금하며, 위반자는 검거하여 일본 경찰에 인도한다.

○ 만주에 있는 한인 단체를 해산시키고 무장을 해제하며, 무기와 탄약을 몰수한다.

○ 일제가 지명하는 독립운동 지도자를 체포하여 일본 경찰에 인도한다.

○ 한국인 단속 정보를 서로 공유한다.

　이러한 내용을 핵심으로 하는 협정이었으니, 만주를 거점으로 활동하던 우리 독립군들에게 미친 타격은 이루 말할 수 없었지. 그래서 이제 만주에서는 아예 독립운동을 할 수 없었냐고? 그건 또 아니야. 우리 독립군들은 난국을 헤쳐 나가기 위해 지혜를 짜냈어. 3부를 통합하여 하나의 독립운동 단체로 꾸리려는 민족 유일당 운동을 벌였어.

　'민족 유일당 운동'은 1920년대 중반부터 상하이·베이징·만주 등 중국 땅에 기반을 둔 항일 민족 단체들을 중심으로 추진된 독립운동 단체들의 통합 운동이야.

한마디로 말해서 막강 세력인 일본을 상대로 우리 민족의 염원인 독립을 쟁취하기 위해서는 사상과 당파에 관계없이 서로 합심해야 하고, 그러기 위해서는 여러 갈래로 갈라져 있는 독립운동 단체들을 하나로 통합하여 단일화된 상태에서 일본을 상

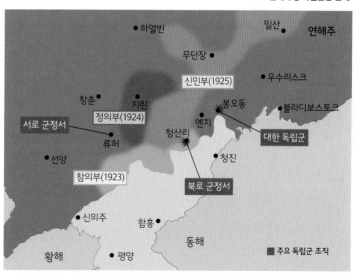

1920년대 무장 독립운동 단체

하얼빈
무단장
밀산
연해주
신민부(1925)
우수리스크
창춘
지린
봉오동
블라디보스토크
서로 군정서
정의부(1924)
옌지
대한 독립군
류허
청산리
북로 군정서
선양
청진
참의부(1923)
신의주
함흥
동해
황해
평양
■ 주요 독립군 조직

대로 독립 투쟁을 해야 한다는 주장이었지.

미쓰야 협정으로 만주 지역에서는 독립운동을 하기가 더 힘들어져, 1927년경에 정의부가 주도하여 3부 통합 운동이 민족 유일당 운동 차원에서 전개되었어. 하지만 본래 의도처럼 하나로 통합되지는 못하였고, 우여곡절 끝에 남만주 지역에서는 정의부 주도 아래 참의부와 신민부의 일부 인사가 참여한 국민부가 만들어졌어. 북만주에서는 국민부에 참여하지 않았던 신민부 다수파가 정의부와 참의부 일부 사람들을 끌어들여 혁신 의회를 조직했어. 따라서 3부 통합 운동은 남만주의 '국민부'와 북만주의 '혁신 의회' 두 세력으로 이루어져 독립운동을 계속 펼쳐 나갔지.

□ 1930년대 이후 독립운동은 어떻게 전개되었나요?

1930년대로 접어들면서 만주의 정치 상황이 크게 변해 버렸어. 1931년 일제는 만주 사변을 일으켜 1932년에 만주국을 수립해 버렸어. 만주국이 뭐냐고? 일제가 대륙 침략의 기지로 활용하기 위해 청나라의 마지막 황제 푸이를 국가 원수에 해당하는 '집정'에 앉히고 신경^{중국 창춘}을 수도로 만주에 세운 괴뢰^{꼭두각시} 국가야.

만주는 엄연히 중국 영토가 아니냐고? 그래 맞아. 중국 영토가 분명해. 그런 곳을 일제는 자기들 손아귀에서 가지고 놀기 위해 푸이를 앞장세워 새 나라 수립을 천명한 것이지.

그 결과는 어찌 되었냐고? 만주에서 일본의 영향력이 한층 강화되며 우리 민족의 독립운동은 위축될 수밖에 없었어. 그럼 만주에서 이제 독립운동은 할 수 없었냐고? 그건 아니야. 만주를 근거지로 활동하던 독립군은 크게 위축될 수밖에 없었지만, 그렇다고 해서 완전히 독립운동을 하지 못한 것은 아니었어. 독립을 향한 굳센 의지는 꺾이지 않고 지속되어 항일 감정이 한층 거세진 중국군과 연합하여 항일 독립운동을 지속해 나갔어.

지청천이 이끈 한국 독립군은 1932년부터 1933년 사이에 중국의 호로군과 연합하여 쌍성보, 사도하자, 대전자령 전투에서 일본군을 괴롭혔으며, 양세봉은 조선 혁명군을 조직하여 중국 의용군과 연합 작전으로 영릉가, 흥경성 전투에서 큰 전과를 거두었어.

한·중 연합 작전이 오래 지속되었냐고? 그건 아니야. 대규모 병력을 동원하여 독립군 색출에 나선 일본군의 초토화 작전 속에 1930년대 중반으로 가면서 만주에서는 소규모 작전에 의한 독립 투쟁만이 간간히 이루어졌을 뿐 1920년대의 청산리 전투와 같은 대규모 작전은 치르기 힘들었어. 다만 사회주의자들이 중국 공산당 세력과 연합하여 국내 진공 작전을 전개하는 등 소규모적인 독립 투쟁이 전개되었어.

한편 중국 본토에서 독립운동을 하던 단체들은 1930년대로 접어들며 보다 적극적인 항일 독립 투쟁을 전개하기 위하여 민족 유일당 건설에 최선을 다했어. 그렇게 해서 만든 단체가 한국 독립당, 조선 혁명당, 의열단 등을 하나로 아우른 민족 혁명당이었어[1935].

김원봉이 주도하여 만든 이 단체는 얼마 뒤에 조선 민족 혁명당으로 개편되었으며, 중국 정부의 협조 속에 예하 부대로 조선 의용대[1938]를 결성하여 독립 투쟁에 적극 나섰어. 중국군과 연합하여 양쯔강 중류 지대에서 일본군의 진격을 저지하는 데 힘을 보탰으며, 일본군 포로를 심문하고 일본어로 쓰인 문서를 번역하여 중국군에게 최신 정보를 제공하는 등 항일 독립운동에 최선을 다했지.

하지만 조선 의용대는 1940년대로 접어들며 독립 투쟁의 노선 차이로 인한 내부 갈등이 발생하여 일부 세력이 일제를 상대로 직접 싸우기 위해 일본군과 중국 공산당 사이에 전투가 벌어지고 있던 화베이 지대로 들어가 버렸어. 그러자 김원봉은 중국 정부의 권유 속에 잔여 세력을 데리고 대한민국 임시 정부가 설립한 정규 부대인 한국광복군에 합류하여 한국광복군이 항일 투쟁의 전면에서 활동할 수 있게 전력을 탄탄하게 만들어 주었어.

한국광복군은 또 뭐냐고? 1937년 중·일 전쟁이 일어나자, 대한민국 임시 정부는 중국 정부를 따라 근거지를 충칭^{중경}으로 옮기게 돼. 당시 대한민국 임시 정부는 일본에 효과적으로 대항하기 위하여 정부 조직을 주석제로 바꾸었는데, 김구가 주석을 맡아 정부를 이끌었어.

대한민국 임시 정부 사람들은 '우리 민족이 광복을 이루기 위해서는 일제와 최후의 일전이 불가피하다'고 생각했어. 그래서 1940년 중국 정부의 지원을 받아 정규 군대인 한국광복군을 창설했지.

대한민국 임시 정부는 1941년 일본이 태평양 전쟁을 일으키자, 일본에 선전 포고를 하고 한국광복군을 연합군의 일원으로 참전시켰어. 한국광복군 소속 군인들은 중국 각지에서 중국군과 함께 일본군에 대항하였으며 1943년에는 영국군의 요청으로 미얀마^{버마}, 인도 전선에 파견되어 일본인 포로 심문과 선전 활동을 통해서 일제의 멸망

한국광복군 결성식 후 한국과 중국 양국의 대표들이 촬영한 기념사진.

을 앞당기게 했지.

한편 1945년에는 일본의 패배가 예상되자, 우리 손으로 독립을 쟁취하기 위하여 대한민국 임시 정부는 특수 부대를 편성했어. 미국의 도움 속에 훈련받은 이 부대는 비밀리에 국내로 들어가 진공 작전을 전개하여 일제를 교란시키려 했지만[국내 진공 작전], 이 계획은 일본의 갑작스러운 항복 선언으로 실행에 옮기지는 못했어.

□ 의열 투쟁에 앞장선 사람들은 누구인가요?

독립군의 활약과 함께 애국지사들은 국내외에서 비밀 조직을 결성하여 일제의 식민 통치 기관을 폭파하거나 침략 행위에 앞장선 일본인과 친일파들을 사살하는 활동을 전개했어. 이를 '의열 투쟁'이라 하지.

3·1 운동의 영향 속에 러시아의 블라디보스토크에서 조직된 대한 노인단 회원인 강우규는 65세의 늙은 몸으로 국내에 들어와 새로 부임하는 사이토 총독에게 폭탄을 던졌어. 이 의거는 비록 성공하지 못했으나, 일본인들의 간담을 서늘하게 만들었지.

김원봉(1898~1958)

21세의 젊은 청년, 김원봉은 친구인 윤세주와 함께 동지를 모아 1919년 11월에 만주에서 비밀리에 의열단을 결성했어. '의열단'이란 이름은 내부적으로 만든 규칙의 제1조 '천하의 정의로운 일을 맹렬히 실현한다.'에서 '정의'와 '맹렬'을 따와 만들었어. 단원은 18세에서 26세 사이의 다양한 직업을 가진 우리 동포들로, 이들은 조선 총독부와 동양 척식 주식회사 같은 일제의 우리 민족 수탈 기구를 파괴하고 일제 관료 및 친일파를 살해하는 방법으로 우리 민족의 독립 의지를 세계에 알렸지.

님 웨일즈●는 『아리랑』에서 의열단원을 이렇게 표현하고 있어.

님 웨일즈(1907~1997) 미국의 저널리스트이자 작가. 1930년대 격동기의 중국 혁명가들을 취재하여 이름을 떨쳤다. 만주에서 한국인 독립운동가 김산(본명 장지락)을 취재하여 쓴 『아리랑』이 유명하다.

조선 혁명 선언서 독립운동 가이자 역사가인 단재 신채호 선생이 1923년에 작성한 선언서의 일부 내용. 의열단원들은 조선 혁명 선언이 적힌 작은 수첩을 항상 몸에 지니고 다니며 자신들의 의지를 다졌다고 한다.

의열단원들은 수영, 테니스 같은 운동을 열심히 해서 언제나 최상의 컨디션을 유지하도록 하였다. 매일 같이 총으로 과녁 맞히는 연습도 게을리하지 않았다. 단원들은 독서도 하고 쾌활함을 유지하고 긴장을 풀기 위하여 오락도 하였다. 그들의 생활은 밝음과 어둠이 기묘하게 뒤섞여 있었다. 언제나 죽음을 눈앞에 두고 있었으므로 살아 있는 동안에라도 마음껏 즐기려 했던 것이다. 그들은 놀라울 정도로 멋진 친구들이었다. 멋진 양복을 차려입고, 머리를 잘 손질하였으며, 어떤 경우에도 옷차림을 말쑥하게 갖추었다. 사진 찍기를 아주 즐겼으며, 언제나 이번이 죽기 전에 마지막으로 찍는 것이라 여겼다.

의열단의 활약은 대단했어. 박재혁은 부산 경찰서를 폭파하였으며, 김익상은 조선 총독부에, 김상옥은 종로 경찰서에, 나석주는 동양 척식 주식회사에 폭탄을 던졌지. 김지섭은 일본으로 건너가 천황이 살고 있는 도쿄의 궁성 안에 폭탄을 던져 넣어 일본인들의 간담을 서늘하게 만들었어.

한편, 김구는 대한민국 임시 정부의 활동이 부진했던 1926년에 한인 애국단을 만들었어. 이 단체는 이봉창과 윤봉길 의사의 의거를 주도해 국내외에 대한민국 임시 정부의 존재를 알리며 독립운동에 새로운 활력을 불어넣었어. 1932년 1월, 일본에 몰래 들어간 이봉창은 도쿄에서 천황이 타고 가던 마차에 폭탄을 던졌지. 비록 의거는 성공하지 못했지만, 만주 사변[1931]으로 일본에 대한 감정이 좋지 못했던 중국인들에게 찬사를 받으며, 우리 민족의 독립 의지를 중국 사람들에게 알리는 데 크게 기여했어.

　중국 언론들은 이봉창 의사의 의거가 실패로 끝났을 때, 이를 애석해하는 기사를 신문에 실었는데, 일본은 이를 빌미 삼아 상하이를 침략하여 강제 점령했어. 그러고는 상하이 점령을 축하하는 행사를 자기 나라 왕의 생일 축하식과 겸하여 상하이 홍커우 공원^{현재의 루쉰 공원}에서 가졌지. 이때 한인 애국단 소속의 윤봉길이 물통으로 위장한 폭탄을 기념식장에 던져 식장을 아수라장으로 만들었어. 이 의거는 일제의 침략에 분개하고 있던 중국인들에게 커다란 감동을 주었고, 중국 정부는 이 사건 이후로 대한민국 임시 정부를 적극적으로 후원했어. 따라서 두 의사의 의거는 우리 민족의 항일 독립운동에 대한 의지를 세계만방에 알리며, 대한민국 임시 정부가 본격적으로 활동할 수 있는 터전을 만들어 주었지.

이봉창과 선서문(왼쪽) 1931년 12월, 이봉창은 천황 저격을 위해 상하이를 떠나기에 앞서 김구 앞에서 자필 선언문을 낭독하고 기념사진을 찍었다.

김구와 윤봉길(오른쪽) 윤봉길(오른쪽)은 홍커우 공원 거사 전에 김구(왼쪽)와 태극기 앞에서 비장한 표정으로 기념사진을 찍었다.

청산리 전투의 영웅, 김좌진은 누구인가?

김좌진(1889~1930)

청산리 전투를 승리로 이끈 독립운동가 백야 김좌진은 1889년 충남 홍성 출신으로 신민회에 가입하여 애국 계몽 운동을 전개하다가, 일제의 침략이 본격화되자 만주로 건너가 독립운동에 투신했어.

1919년 그는 북로 군정서군의 총사령관이 되어 대한 독립군을 이끌던 홍범도 장군과 연합하여 1920년 10월에 청산리에서 일본군 5천을 상대로 전투를 벌여 대승을 거두었지.

자유시 참변 이후로도 그는 북간도를 기반으로 무장 독립 투쟁을 꾸준하게 전개했지만, 1930년에 중국 헤이룽장성 산시역 부근의 정미소에서 발동기를 고치던 중 공산주의자 박상실의 흉탄에 맞아 41세의 젊은 나이에 세상을 뜨고 말았어.

청산리 전투 기록화

16

민족 문화를 지키기 위한 노력은 어떻게 전개되었나?

□ 한글은 어떻게 보급되었나요? □ 일제의 역사 왜곡에 어떻게 대응했나요?
□ 종교계의 움직임은 어떠했나요? □ 문학과 예술에 나타난 변화는요?

□ 한글은 어떻게 보급되었나요?

일제는 정치, 사회, 경제적 억압은 물론이려니와 교육과 문화에서도 우리 민족을 철저히 자국민화하려 했어. 이른바 한민족을 어리석은 백성으로 만들기 위한 우민화 교육을 실시하여 민족의식을 최대한 말살하고 반면에 자국에 충성을 다하는 사람, 즉 '황국 신민●'으로 만들고자 수단과 방법을 다 동원하였어.

이에 대해 우리 민족은 한민족으로서 정체성을 유지하고 민족 문화의 전통을 이어 나가기 위해 문화와 예술 방면에서 다양한 노력들을 벌였어.

한글 학자 주시경의 맥을 이은 이윤재, 최현배 등은 조선어 연구회[1921]를 만들어 한글 연구와 보급에 힘을 쏟았어. 잡지 『한글』을 발간하여 국어 연구의 성과를 체계적으로 정리·발표하였으며, 1926년에는 '가갸날'을 제정하여 한글의 대중화에 크게 기여했어. '가갸날'이 뭐냐고? 조선어 연구회가 세종대왕이 훈민정음을 만든 것을 기념하기 위하여 제정한 날로, 이 기념일은 오늘날 '한글날'로 발전하여 세종대왕의 높은 뜻과 업적을 기리는 각종 기념행사를 개최하고 있어.

황국 신민 일제 강점기에, 천황이 다스리는 나라의 신하된 백성이라 하여 일본이 자국민을 이르던 말.

잡지 『한글』 1927년 2월에 국어 연구와 한글 보급을 위하여 창간호를 간행했다. 1928년 정간되었다가, 1931년 조선어학회가 출범하며 재발간했다.

한글 보급 운동 교재 문맹 퇴치를 위해 여러 단체들이 한글 교재를 만들어 보급하였다.

우리 조선 민족에게는 좋은 말, 좋은 글이 있다. 더욱이 우리글은 소리가 같고, 모양이 곱고, 배우기 쉽고, 쓰기 편한 훌륭한 글이다. 우리는 여태까지 도리어 이것을 푸대접하고 짓밟아 버렸으므로, 매우 좋았어야 할 한글이 지금에 이르도록 지저분하여, 아주 볼 모양 없이 된 것이다. 한 사십 년 전에 우리 한힌샘 스승이 바른 길을 열어 줌으로부터, 그 뒤를 따르는 이가 적지 않았고, 또 이를 위하여 꾸준히 일하려는 이가 많이 일어나기에 이른 것은, 우리 한글의 앞길을 위하여 크게 기뻐하는 바이다.

잡지 『한글』 창간사(일부)

한편 이 단체는 1931년 조선어 학회로 이름을 바꾸어 우리말과 우리글을 살리기 위한 여러 가지 사업을 계속 추진했어. 한글 맞춤법 통일안과 표준어를 제정했으며, 『우리말 큰사전』 편찬 사업도 시작했어. 하지만 말이야, 안타깝게도 일제가 1940년대로 접어들며 민족 말살 정책을 강화하면서 조선어 학회를 독립운동 단체로 간주하여 강제로 해산시켜 버렸어조선어 학회 사건(1942). 이로 인해 조선어 학회가 심혈을 기울이던 『우리말 큰사전』 편찬 사업도 일시 중단되고 말았지.

□ 일제의 역사 왜곡에 어떻게 대응했나요?

역사학계에서는 일제의 역사 왜곡에 대항한 역사 연구가 꾸준히 전

개되었어. 박은식은 우리 민족의 '혼'이 담겨 있는 역사를 주장하며 『한국 독립운동 지혈사』를 지어 우리 민족의 항일 투쟁사를 정리했으며, 근대 이후 일제의 우리 땅 침탈 과정을 밝힌 『한국통사』를 저술하여 민족의식을 드높이려 했어. 신채호는 고대사 연구에 심혈을 기울여 『조선 상고사』, 『조선사 연구초』를 지어 우리 고대사를 주체적 입장에서 복원하려 했어.

> 우리는 대한의 언어로써 말하며, 대한의 풍속으로 살며, 우리의 노래를 부르며, 우리의 예를 행하며, 우리의 옷과 음식으로 생활을 영위해 왔다. 이에 우리의 국민성은 다른 민족의 그것과 다르다. 이러한 여러 가지의 생성을 종합해 보면, 우리나라의 혼은 강하여 동요하지 않으며, 그것은 결코 다른 민족과 능히 동화될 수 없는 것이다. 그래서 저 일본인들은 대대로 우리의 원수였고, 오래 전부터 쌓이고 쌓여 온 원한은 서로 합쳐질 수가 없다.
>
> 박은식, 『한국 독립운동 지혈사』 서문(일부)

왼쪽부터 박은식의 『한국 독립
운동 지혈사』, 신채호의 『조선
사 연구초』, 정인보의 『조선사
연구』, 문일평의 『조선사화』,
안재홍의 『조선상고사감』.

사회주의 역사관 마르크스주
의 역사학이라고도 하며 세계
사의 발전 단계를 '원시 공산
제 → 고대 노예제 → 중세 봉
건제 → 근대 자본주의'로 구
분하여 설명한다. 그런데 일
제 강점기에 '한국사 정체성
론'을 주장했던 일본의 학자
들은, 일본은 이 단계를 거쳐
서 발전해 왔지만, 한국사는
봉건제가 결여되어 고대 노예
제 사회에 머물고 있었고, 일
본의 식민 지배 이후에야 자
기들의 도움을 받아 한반도가
근대 자본주의 단계로 접어
들었다고 주장했다. 백남운은
한국사도 마르크스주의 역사
학의 발전 단계를 충실히 거
쳐서 발전해 왔음을 역설하며
일제 학자들의 '한국사 정체
성론' 주장이 허구에 불과함
을 강조했다.

이외에도 1930년대 이후로 정인보, 안재홍, 문일평 등이 박은식이나 신채호의 민족주의 역사관을 이어 받아 우리 역사를 주체적 입장에서 인식하는 노력들을 했으며, 백남운은 사회주의 역사관*의 입장에서 우리 역사를 파악하여 한국사도 세계사의 보편적 발전 법칙과 궤를 같이하여 맥을 이어 왔음을 강조하며 일제 식민사학의 문제점을 통렬하게 비판했어. 여기에 이병도와 손진태는 진단 학회를 만들어 『진단 학보』를 발간하면서 우리 역사를 객관적 사실에 입각하여 실증적으로 연구 했어.

한편, 일제 말기에는 학교에서 우리 역사 교육을 금지하였기에 뜻이 있는 애국지사들은 야학 등을 통하여 비밀리에 우리 역사를 가르쳤으며, 일부 교사들은 교실에서 일본 경찰의 감시망을 피해 가며 우리 역사와 전통 문화를 강의하여 한민족의 역사 흐름이 단절되지 않고 꾸준히 이어지게 했어.

□ 종교계의 움직임은 어떠했나요?

종교계에서도 다양한 민족 운동과 우리 문화 보급 운동이 전개되었어. 단군 신앙을 전면에 내세운 대종교는 민족주의 성격이 강하여 일제의 탄압이 심했는데, 이들은 나라를 빼앗긴 1910년 이후 만주로 근거지를 옮겨 동포들의 민족의식을 고취시키는 한편, 무장 독립 투쟁에도 앞장섰어. 청산리 전투를 승리로 이끈 북로 군정서군은 대종교 사람들이 주축이 된 독립군 부대였어.

동학에서 발전한 천도교는 3·1 운동 때 주도적인 역할을 했을 뿐만 아니라 우리 민족이 해방되던 1945년까지 지속적으로 민중 계몽을 위한 다양한 활동을 전개했어. 천주교 또한 그냥 있지는 않았어. 일찍부터 사회사업과 교육 운동에 힘쓴 천주교단은 직접 독립 투쟁에 나서지 않았으나, 고아원과 학교 등을 설립하여 해방 때까지 꾸준히 민중 계몽 운동에 전력을 다했어. 만주에서는 천주교 신자들이 의민단을 조직하여 무장 독립 투쟁에 나서기도 했고.

잡지 『개벽』 창간호 표지 천도교는 잡지를 통해 대중을 위한 문화 운동을 펼쳤다.

개신교 역시 마찬가지였어. 천도교와 함께 3·1 운동을 주도했고, 지방으로 확산시키는 데 큰 역할을 했을 뿐만 아니라, 1930년대로 접어들면서 일제가 신사 참배를 강요하자 많은 교회가 이를 거부하는 투쟁에 나서며 우리 민족의 독립운동에 기여를 했어.

불교계는 이미 일제 강점기 초반에 일본 불교가 침투하여 한국 불교의 전통이 크게 손상되는 위기를 맞았는데, 이러한 현실을 타개하기 위하여 만해 한용운이 『불교 유신론』을 지어 민족 불교의 전통을 되찾으려 했어. 한편, 박중빈이 창시한 원불교는 저축과 근로를 통한 자립 의지를 강조하여 어려운 삶을 살던 사람들의 생활을 안정시키는 데 도움을 주었어.

□ 문학과 예술에 나타난 변화는요?

문학과 예술 분야에서도 민족 문화의 전통을 계승, 발전하려는 움직임이 활발하게 전개되었어.

문학에서는 식민지 현실을 적나라하게 드러낸 저항 의식을 담은 작품이 다수 발표되었어. 한용운은 「님의 침묵」을 비롯한 300여 편의 시를 발표하여 우리 민족의 독립 의지를 세상에 널리 알렸으며, 심훈은 농촌 계몽 소설 『상록수』를 지어 민중 계몽 활동은 물론이려니와 독립 의지를 높이는데도 기여했어. 이외에도 윤동주와 이육사, 이상화 등이 민

나운규가 만든 영화 〈아리랑〉의 포스터(왼쪽)와 윤극영이 작곡한 동요 〈반달〉의 악보(오른쪽).

족혼을 일깨워 주는 작품을 발표했어.

영화에서는 나운규가 민족의 애환을 그린 〈아리랑〉을 제작하였으며, 미술에서는 이중섭이 우리 민족의 정서에 맞는 그림들을 그려 민족의 애환을 대변했어. 음악 분야에서는 동요 〈봉선화〉, 〈고향 생각〉, 〈반달〉 등 우리 민족의 정서가 온전하게 담긴 노래들이 만들어져 널리 애창되었으며, 고전 음악 작곡가 안익태는 1930년대 중반에 〈애국가〉와 이를 주제로 한 〈코리아 환상곡〉을 발표하여 우리 민족의 독립 의지를 지구촌 사람들에게 널리 알렸어. 애국가는 안익태가 미국 유학 시절에 교포들이 모임을 가질 때마다 스코틀랜드 민요인 〈올드랭 사인〉에 맞춰 애국가를 부르는 것이 안타까워 4년여의 시간을 투자하여 지금 현재 우리가 부르는 애국가를 작곡했다고 해.

한편, 갑부였던 간송 전형필은 본인의 거의 모든 재산을 우리 문화유산을 지키는 데 사용하여 민족 문화유산이 해외로 반출되지 않고 지금껏 우리 땅에서 빛을 발하게 했어.

간송 덕에 '청자 상감 운학무늬 매병'을 필두로 한 다양한 고려청자들, '진경산수화'로 유명한 겸재 정선의 『해악 전신첩』, 혜원 신윤복의 풍속화 작품집인 『혜원전신첩』, 단원 김홍도의 그림, 추사 김정희의 글씨, 『훈민정음 혜례본』 등이 우리 땅에서 살아 숨 쉬고 있지. 아마 간송이 아니었다면 이 작품들은 이미 일본을 비롯한 세계 곳곳을 떠도는 비극을 맞았을 거야. 생각만 해도 아찔한 일이지.

전형필(1906~1962) 문화유산 수집가·교육자로, '간송'이라는 호로 더 잘 알려져 있다. 약탈된 우리 문화유산을 수집하고 이를 전시한 박물관 보화각(현재 간송미술관)을 설립했다.

우리의 독립 의지를 고취시킨 두 편의 시

님의 침묵

한용운

님은 갔습니다 아아,
사랑하는 나의 님은 갔습니다

푸른 산빛을 깨치고 단풍나무 숲을 향하여 난
작은 길을 걸어서 차마 떨치고 갔습니다

황금의 꽃같이 굳고 빛나던 옛 맹세는
차디찬 티끌이 되어서
한숨의 미풍에 날아갔습니다

날카로운 첫키스의 추억은
나의 운명의 지침을 돌려놓고
뒷걸음쳐서 사라졌습니다

나는 향기로운 님의 말소리에 귀먹고
꽃다운 님의 얼굴에 눈멀었습니다

사랑도 사람의 일이라
만날 때에 미리 떠날 것을 염려하고
경계하지 아니한 것은 아니지만,
이별은 뜻밖의 일이 되고
놀란 가슴은 새로운 슬픔에 터집니다

그러나 이별은
쓸데없는 눈물의 원천으로 만들고 마는 것은
스스로 사랑을 깨치는 것인 줄 아는 까닭에
걷잡을 수 없는 슬픔의 힘을 옮겨서
새 희망의 정수박이에 들어부었습니다

우리는 만날 때에
떠날 것을 염려하는 것과 같이
떠날 때에
다시 만날 것을 믿습니다

아아, 님은 갔지마는
나는 님을 보내지 아니하였습니다

제 곡조를 못 이기는 사랑의 노래는
님의 침묵을 휩싸고 돕니다.

1925년에 창작된 이 시는 표면적으로 얼핏 보면 연인들의 사랑 이야기로 파악되나, 실제로는 일제 식민 상태에 빠진 조국과 민족의 독립을 염원하는 심오한 주제를 담고 있어.

빼앗긴 들에도 봄은 오는가?

이상화

나는 온몸에 햇살을 받고,
푸른 하늘 푸른 들이 맞붙은 곳으로,
가르마 같은 논길을 따라 꿈 속을 가듯 걸어만 간다.

입술을 다문 하늘아, 들아,
내 맘에는 나 혼자 온 것 같지를 않구나!
네가 끌었느냐, 누가 부르더냐. 답답워라. 말을 해 다오.

바람은 내 귀에 속삭이며,
한 자국도 섰지 마라, 옷자락을 흔들고.
종다리는 울타리 너머 아씨같이 구름 뒤에서 반갑다 웃네.

고맙게 잘 자란 보리밭아,
간밤 자정이 넘어 내리던 고은 비로
너는 삼단 같은 머리를 감았구나. 내 머리조차 가뿐하다.

혼자라도 가쁘게나 가자.
마른 논을 안고 도는 착한 도랑이
젖먹이 달래는 노래를 하고, 제 혼자 어깨춤만 추고 가네.

나비, 제비야, 깝치지 마라.
맨드라미, 들마꽃에도 인사를 해야지.
아주까리기름을 바른 이가 지심 매던 그 들이라 다 보고 싶다.

내 손에 호미를 쥐어 다오.
살진 젖가슴과 같은 부드러운 이 흙을
발목이 시도록 밟아도 보고, 좋은 땀조차 흘리고 싶다.

강가에 나온 아이와 같이,
짬도 모르고 끝도 없이 닫는 내 혼아,
무엇을 찾느냐, 어디로 가느냐, 웃어웁다, 답을 하려무나.

나는 온몸에 풋내를 띠고,
푸른 웃음, 푸른 설움이 어우러진 사이로,
다리를 절며 하루를 걷는다. 아마도 봄 신령이 지폈나 보다.
그러나 지금은 ― 들을 빼앗겨 봄조차 빼앗기겠네.

  이상화 시인이 1926년에 발표한 시야. 일제의 식민 수탈을 비판하며 우리 민족의
독립을 염원한 저항시임에도 불구하고 시어가 곱고 순수해서 지금도 많은 이들이 애
송하지.

4 대한민국 새로운 미래를 향해 나아가다

17 조국 광복은 어떻게 찾아왔는가?

18 대한민국 정부는 어떻게 수립되었는가?

19 일제의 잔재를 청산하기 위한 노력들은?

20 6·25 전쟁이 우리에게 남긴 상처는?

21 1960~70년대 우리나라는 어떤 변화를 겪었을까?

22 1980년대 이후의 우리나라는 어떤 변화 속에 살고 있나?

23 평화 통일을 위하여 무엇을 해야 하나?

1945	8·15 광복을 맞이하다.
1946	미·소 공동 위원회를 개최하다.
1947	유엔 한국 임시 위원단을 구성하다.
1948	5·10 총선거가 실시되다. 남한, 대한민국 정부를 수립하다.
1950	6·25 전쟁이 발발하다.
1953	휴전 협정을 조인하다.
1960	4·19 혁명이 일어나다. 장면 내각이 성립되다.
1961	5·16 군사 정변이 일어나다.
1963	박정희 정부가 수립되다.(~1979)
1965	한·일 협정이 체결되다.
1972	7·4 남북 공동 성명을 발표하다. 남북 적십자 회담이 이루어지다.
	10월 유신이 일어나다.
1973	6·23 평화 통일 선언을 발표하다.
1979	10·26 사태가 일어나다.
1980	5·18 민주화 운동이 일어나다.
1981	전두환 정부가 수립되다.
1987	6월 민주 항쟁이 일어나다. 6·29 민주화 선언을 발표하다.
1988	노태우 정부가 수립되다.
1993	김영삼 정부가 수립되다.
1997	IMF 사태가 일어나다.
1998	김대중 정부가 수립되다.
2000	제1차 남북 정상 회담을 가지고 6·15 남북 공동 선언을 발표하다.
2003	노무현 정부가 수립되다.
2007	노무현 대통령이 평양을 방문해 제2차 남북 정상 회담을 가지다.
2008	이명박 정부가 수립되다.
2012	박근혜 정부가 수립되다.
2017	박근혜 대통령이 탄핵되다. 문재인 정부가 출범하다.

17

조국 광복은 어떻게 찾아왔는가?

□ 광복 직전에는 어떤 움직임이 있었나요?   □ 드디어 꿈은 이루어졌나요?
□ 독립 국가 건설에 걸림돌은 없었나요?   □ 38도선은 어떻게 만들어졌나요?

□ 광복 직전에는 어떤 움직임이 있었나요?

제2차 세계 대전 1939년 9월 1일 독일의 폴란드 침입과 더불어 시작된 전쟁으로 미국·영국·프랑스·소련·중국이 연합국을 이루고 독일·이탈리아·일본이 동맹국이 되어 1945년 8월 15일 일본이 항복할 때까지 싸운 전쟁. 제2차 세계 대전 중 미국과 일본이 태평양을 사이에 두고 싸운 전쟁은 별도로 '태평양 전쟁'이라 한다.

1939년 독일의 도발로 제2차 세계 대전●이 일어나며 일제가 독일과 한편이 되어 연합국 측을 상대로 싸움을 시작했어. 이때 우리 독립운동 단체들은 일제의 패망을 예측하며 더 힘을 내서 독립 투쟁을 함과 동시에 새 나라 건설을 위한 준비를 서서히 시작했어.

1940년 중국의 내륙 도시 충칭에서 정부를 꾸리고 있던 대한민국 임시 정부는 한국 독립당, 조선 혁명당, 한국 국민당 등 여러 파로 나뉘어져 있던 독립운동 단체를 한국 독립당으로 통합하여 지지 기반을 굳건히 했어. 그와 동시에 1941년에는 삼균주의를 바탕으로 대한민국 건국 강령을 제정하여 광복 이후 새 정부 구성에 대비했어. 삼균주의가 뭐냐고? 독립운동가 조소앙이 새 나라 건설의 지침으로 삼기 위해 주장한 정치사상으로, 우리 민족이 만들 새 나라는 정치적, 경제적, 교육적 균등을 실현하는 나라여야 한다는 얘기였지.

한편 중국 화베이華北 지방에서는 사회주의 계열의 독립운동가들이 중국 공산당과 힘을 합쳐 대일 항전에 혼신을 힘을 쏟고 있었는데, 이들도 민주 공화국 정부를 수립하기 위한 조선 독립 동맹을 결성하였으며, 국내에서는 여운형을 중심으로 민족 지도자들이 조선 건국 동맹을 조

여운형(1886~1947) 호는 몽양. 일제 강점기에 국내에서 독립운동을 꾸준하게 전개했던 독립운동가.

직하여 일제 타도와 민주주의 국가 건설에 박차를 가했어.

이처럼 우리 독립운동가들은 국내는 물론, 국외에서도 일제 멸망이 눈앞에 다가왔음을 직감적으로 느끼며 새 나라, 새 정부를 꾸리기 위한 다양한 투쟁들을 전개했어.

□ 드디어 꿈은 이루어졌나요?

그날이 오면

심훈

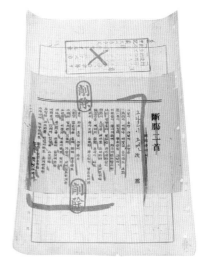

심훈이 쓴 「그날이 오면」의 친필 원고. 1932년 일제가 내용을 교정한 흔적이 남아 있는 검열본으로, 삭제 판정을 받아 시집을 출간하지 못했다.

그날이 오면 그날이 오면은
삼각산이 일어나 더덩실 춤이라도 추고
한강 물이 뒤집혀 용솟음칠 그 날이
이 목숨이 끊기기 전에 와 주기만 할 양이면
나는 밤하늘에 나는 까마귀와 같이
종로의 인경을 머리로 들이받아 울리오리다.
두개골은 깨어져 산산조각이 나도
기뻐서 죽사오매 오히려 무슨 한이 남으오리까.

그날이 와서 오오 그날이 와서
육조 앞 넓은 길을 울며 뛰며 뒹굴어도
그래도 넘치는 기쁨에 가슴이 미어질 듯하거든
드는 칼로 이 몸의 가죽이라도 벗겨서 커다란 북을 만들어 들쳐 메고는
여러분의 행렬에 앞장을 서오리다.
우렁찬 그 소리를 한 번이라도 듣기만 하면
그 자리에 거꾸러져도 눈을 감겠소이다.

1945년 8월 15일 정오, 일왕 히로히토가 떨리는 목소리로 일본의 항복을 공식 선언했어. 『상록수』의 작가 심훈이 그토록 바라던 '그날'이 드디어 찾아온 거야.

"만세, 만세, 대한 독립 만세!"

전국 방방곡곡에서 만세 소리가 하늘을 찌를 듯이 울려 퍼졌어.

연합군이 제2차 세계 대전에서 승리하면서 우리 민족의 해방도 함께 찾아왔어.

일제는 '여러 아시아 국가들이 하나로 뭉쳐 서구 열강의 침략을 막고 아시아의 번영을 이루자^{대동아공영권}'는 억지 주장을 하면서 중·일 전쟁¹⁹³⁷에 이어 미국을 상대로 태평양 전쟁¹⁹⁴¹을 일으켰어. 결과는? 미국과 소련을 비롯한 연합군의 반격을 받아 1945년 8월 15일 무조건 항복을 선언할 수밖에 없었지.

일제 치하에서 고통을 받던 우리 민족은 드디어 광복의 기쁨을 누릴 수 있게 되었어. 여기서 한 가지 짚고 넘어갈 것은 조국 광복이 단순히 연합군의 승리 때문에 찾아온 것은 절대 아니었다는 점이야. 일제 치하

에서 우리는 온갖 희생을 무릅쓰고 국내외에서 꾸준하게 독립운동을 전개했고, 이러한 것들이 쌓이고 쌓여 '광복'이라는 열매를 맺을 수 있게 된 거야.

우리 민족은 36년의 긴 세월에도 불구하고 일제의 탄압에 굴복하지 않았어. 국내에서는 3·1 운동, 6·10 만세 운동, 광주 학생 운동과 같은 만세 시위를 통해서 우리의 독립 의지를 꾸준히 알렸고, 민족 실력 양성 운동과 민족 문화 수호 운동을 펼치면서 일제의 민족 말살 정책에 대항했지. 만주에서는 독립군 부대를 조직하여 무장 항일 투쟁을 전개했어. 한편, 대한민국 임시 정부는 외교 활동과 더불어 한국광복군을 조직하여 연합군의 일원으로 대일 전쟁에 참여하였으며 국내 진공 작전까지 계획했어.

이처럼 우리 민족이 독립에 대한 투철한 의지를 가지고 독립운동에 적극 나섰기 때문에 1943년 11월, 연합국 대표들은 카이로 회담에서 "적당한 시기에 한국을 독립시킨다."는 결의를 했고, 1945년 포츠담 회담에서는 우리 민족의 독립을 재차 확인했어.

□ 독립 국가 건설에 걸림돌은 없었나요?

조국 광복과 더불어 국내에서는 여운형이 친일파를 제외한 각계각층의 사람들을 모아 '조선 건국 준비 위원회'를 만들어 국내의 치안을 유지하며 독립 국가 건설을 준비하였어. 또한 전국의 감옥에 갇혀 있던 애국지사들이 대거 석방되어 각자의 이념에 따라 정당과 사회단체를 조직하여 정치 활동을 시작했지.

한편, 외국에 망명하여 독립운동을 하던 사람들도 속속 귀국하여 우리 민족의 손으로 새 나라를 건설하는 데 힘을 보태기 시작했어. 1945년 10월에 미국에서 독립운동을 하고 있던 이승만이 국민들의 열렬한 환

조선건국준비위원회에서 강연하는 여운형.

영 속에 귀국하였고, 11월에는 김구를 비롯한 대한민국 임시 정부의 주요 인물들이 중국에서 돌아왔어. 일제에 의해 군대로, 공장으로, 광산으로 강제 동원되었던 수많은 동포들도 꿈에 그리던 조국으로 다시 돌아와 이제는 우리 손으로 독립 국가를 세울 수 있다는 꿈에 부풀었지.

하지만 완전한 자주독립 정부를 수립하는 데는 몇 가지 걸림돌이 있었어. 오랜 망명 생활 끝에 귀국한 민족 지도자들이 자신들의 이념에 따라 다양한 정당과 사회단체를 만들었지만, 서로 의견이 엇갈린 데다 국민들의 정치적 경험이 성숙되지 못하여 독립 국가 수립을 위한 의견 통일을 보지 못했어. 여기에 연합국을 대표하는 미국과 소련이 38도선을 임의로 설정하여 남에는 미국 군인들이, 북에는 소련 군인들이 들어와 점령군처럼 행세했지. 따라서 우리 민족의 손으로 자주독립 국가를 구성하는 문제는 생각만큼 잘 되지 않았어.

□ 38도선은 어떻게 만들어졌나요?

일제가 항복하기 전인 1945년 2월에 미국, 영국, 소련의 지도자들은 크림 반도에 있는 얄타에 모여서 일본 패망 뒤의 문제를 논의했어얄타 회담. 이때, 일본이 패망하면 한반도의 혼란을 최소화하기 위해 일정 기간 승전국 위주로 신탁 통치●를 하자고 제안했어. 이후 미국과 소련 양국은 대 일본 공동 작전을 논의하며 한반도가 해방되면 38도선을 군사 분계선으로 하여 남쪽은 미군이, 북쪽은 소련군이 주둔하기로 합의했

신탁 통치 국제연합(UN)으로부터 위임을 받은 국가가 국제연합의 감시·감독하에 정해진 기간 동안 신탁 통치 지역의 정치와 행정을 담당하는 특수 통치 제도이다. 신탁 통치는 일반적으로 '국제 평화와 안전, 신탁 통치 지역의 자치와 독립, 인권과 UN 회원국의 평등 보장'을 위해 필요하다고 인정되는 지역에 실시했다.

어. 이 결정에 따라 소련군이 해방 직후에 평양으로 들어왔으며, 미군은 9월 초에 서울로 들어와 일본군의 무장을 해제하게 돼.

　38도선은 처음에는 분명 미·소 양군이 일본군 무장 해제를 위해 설정한 단순한 군사 분계선에 불과했어. 그러나 이 선은 미국과 소련의 대립 속에 한반도를 두 동강 내는 원한 맺힌 선이 되고 말았지.

　한편, 미군과 소련군이 남쪽과 북쪽에 주둔하고 있을 때, 남쪽에서는 여러 정당과 사회단체들이 만들어져 정치의 주도권을 잡기 위하여 서로 경쟁하고 있었어. 반면에 북쪽은 처음에는 조만식이 주도하는 민족주의 세력과 소련과 중국에서 귀국한 공산주의 세력이 공동으로 정국을 이끌었으나, 결국은 소련의 지원을 받은 공산주의자들이 정권을 장악해서 공산화의 길을 걷게 돼.

1945년 당시 38도선 단순한 군사 분계선으로 이때만 해도 38도선 남북을 자유롭게 오갈 수 있었다.

조국 광복을 맞이하던 날, 우리 민족은?

1945년 8월 15일!

일제 36년의 치욕에서 벗어나 드디어 우리 민족이 해방을 맞이한 날이야.

이때 당시 우리 민족은 얼마나 벅찼을까?

다음은 해방을 맞이하던 우리 민족의 모습이야. 어때 굉장했지.

해방을 맞이하던 날 서울역 광장, 남대문 등 서울 시내 곳곳을 가득 메우고 기쁨을 나누는 서울 시민들(왼쪽, 오른쪽 위)과 서대문 형무소에서 풀려나와 만세를 부르는 독립운동가들(오른쪽 아래)의 모습이다.

18 대한민국 정부는 어떻게 수립되었는가?

□ 신탁 통치, 왜 지지와 반대로 나뉘었나요?   □ 미·소 공동 위원회의 결과는 어땠나요?
□ 새 정부 수립을 위한 총선거를 남한만 실시했다고요?
□ 5·10 총선거를 통해 대한민국 정부가 수립되었나요?

□ 신탁 통치, 왜 지지와 반대로 나뉘었나요?

1945년 12월에 모스크바에서는 미국·영국·소련의 외무장관들이 모여 한반도에 임시 민주 정부를 수립하기 위한 논의를 했어^{모스크바 3국 외상} ^{회의}. 그 결과 정부 수립을 논의하기 위한 미·소 공동 위원회를 설치하고, 최고 5년간 미국·영국·중국·소련 네 나라가 한국을 신탁 통치하기로 결정했어. 신탁 통치란? '독립할 능력이 없는 나라를 강대국이 일정 기간 대신 통치해 주는 것'을 말해.

신탁 통치 실시에 대한 우리 민족의 입장은? 광복이 되었기 때문에 자주적 독립 정부 수립을 당연한 일로 생각했던 우리나라 사람들은 이 결정을 민족에 대한 모욕으로 받아들였지. 민족 지도자들은 서둘러 '신탁 통치 반대 국민 총동원 위원회'를 결성하여 반탁 운동을 전개했어. 반탁 운동 초기에는 공산주의자들도 반탁에 참여하여 전 국민이 거족적으로 반탁 운동을 전개했지. 하지만 공산주의자들은 소련의 지시에 따라 신탁 통치안을 지지하는 쪽으로 방향을 바꾸어 버렸어. 그 결과는 어

모스크바 3국 외상 회의를 보도한 동아일보 기사(1945 년 12월 27일) 소련이 38도 선 분할 점령을 구실로 신탁 통치를 주장했고, 미국은 즉 시 독립을 주장을 했다고 쓰 여 있으나, 이는 사실과 다른 보도였다.

떻게 되었을까? 당연히 서로 대립이 발생했겠지. 반탁 운동을 추진하는 민족주의자들과 찬탁 운동을 전개하는 공산주의자들 간의 좌우 대립이 치열해지면서 국내 정치 상황은 한층 더 혼란해졌어.

□ 미·소 공동 위원회의 결과는 어땠나요?

신탁 통치 안에 대한 격렬한 반대 운동에도 불구하고, 미·소 양국은 모스크바 3국 외상 회의의 결정에 따라 신탁 통치와 정부 수립 문제를 논의하기 위하여 서울에서 미·소 공동 위원회를 열었어1946. 3. 이 회의에서 소련은 모스크바 3국 외상 회의의 결정을 지지하는 정당이나 단체들만 참여시켜 정부 수립 문제를 논의하자고 주장했어. 반면에 미국은 찬탁과 반탁 세력 모두를 참여시켜야 한다고 주장했지. 이들의 주장은 자기 나라에게 조금이라도 유리한 정부를 한반도 안에 세우기 위한 힘겨루기였어. 결국 서로 자기 주장만 내세우다가 미·소 공동 위원회는 결렬되고 말았지. 1947년 5월에 다시 한번 공동 위원회가 열렸으나,

이 회담 역시 성과 없이 끝나고 말았어.

　미국은 소련과 협상을 통해서는 한반도 문제를 해결할 수 없다고 판단하여 이 문제를 유엔에 올렸어[1947. 10.]. 유엔은 총회를 열어 미국이 제안한 "9개국으로 구성된 유엔 한국 임시 위원단을 설치하고, 위원단의 감시하에 남북한 총선거를 실시하여 조속한 시일 내에 통일 독립 정부를 수립한다."는 결의안을 통과시켰지. 소련은 미국의 이러한 해결책에 협조해 주지 않았어. 유엔 안대로 총선거를 실시하는 것은 "인구가 적은 북한에게 절대적으로 불리하다."고 주장하면서 유엔 한국 임시 위원단이 선거를 감시하기 위해 북한 땅에 들어오는 것을 막아 버렸어. 이에 유엔은 소총회를 다시 열어 "선거가 가능한 지역만이라도 총선거를 실시하여 정부를 세울 것"을 결의했지[1948. 2.].

□ 새 정부 수립을 위한 총선거를 남한만 실시했다고요?

　유엔의 결정에 따라 남한에서는 총선거 실시를 위한 준비가 차근차근 이루어졌어. 당시 남한의 분위기는 유엔의 결정을 대체적으로 지지하는 쪽이었지만, 남한만의 선거는 우리 민족을 영원히 분단시킬 우려가 있다고 생각하여 반대하는 사람들도 많았어. 특히 김구는 남한만의 총선거 실시에 크게 반발하여 김규식과 함께 남북 정치 지도자들이 한자리에 만나서 한반도 통일 문제를 협의하자고 북측에 제안했고, 북한도 동의하여 1948년 4월에 평양에서 남북 정치 지도자들이 모여 통일 정부 수립 문제를 논의했지. 하지만 이 회담은 아무런 성과 없이 끝나고 말았어.

1948년 평양으로 가던 도중 38도선 앞의 김구 일행.

　결국 남한에서는 유엔 한국 임시 위원단의 참관 아래 1948년 5월

10일에 총선거를 실시하기로 결론이 내려졌어. 남한만의 총선거 실시에 반대하는 세력은 이제 완전히 없어졌냐고? 아니 그렇지는 않았어. 좌익들은 남한만의 단독 선거 실시가 거의 확정되자, 격렬하게 저항하여 '제주 4·3 사건'과 같은 비극이 발생했지.

왜 제주도에서 그랬냐고? 제주도는 좌익 세력이 강한 지역이었는데, 남한만의 총선거 실시가 가시화되자 크게 반대하며 집회를 열었어. 이때 미군정은 시위에 참가한 사람들을 무력으로 해산시키려 했어. 그 와중에 좌·우익의 대립이 격화되어 수천 명의 민간인이 학살당하는 참극이 벌어지고 말았지.

결국 이 사건은 광복 이후 새 나라를 곧바로 세우려는 우리 민족의 의사와는 달리 미국과 소련이 자기 나라에 유리한 정부를 세우려고 시간을 지연시키는 과정에서 발생한 비극이었어. 참으로 안타깝고 슬픈 일이야.

□ 5·10 총선거를 통해 대한민국 정부가 수립되었나요?

국내 정치 상황의 혼란 속에서도 새 정부 구성을 위한 총선거가 1948년 5월 10일에 치러졌어5·10 총선거. 대통령을 뽑는 선거였냐고? 그건 아니야. 국민의 의사를 대변하는 국회의원을 선출하는 선거였어. 일단 입법부인 국회가 구성되어야 나라의 근간이 될 헌법도 만들고, 그 헌법에 입각하여 새 정부도 구성할 수 있는 것이야.

한 가지 특이한 점은 5·10 총선거 당시에 김구, 김규식 등은 선거에 참여하지 않았어. 총선거를 목전에 둔 5월 5일에야 김구는 서울로 돌아와 간단한 성명을 발표한 뒤 정치적 침묵에 들어갔어. 함께 평양을 갔던 김규식은 "이제는 단독 정부를 반대하지 않는다. 물론 나는 남북 협상에 책임을 지고 선거에도 참여하지 않겠다."라고 발표하고 선거에 불참했어.

당시 남북 협상론자들은 남한만의 단독 선거가 첫째 한반도의 분단을 영구히 하고 군정의 연장을 합리화하며, 둘째 외세의 개입과 간섭 하에서는 민주적 자율 선거가 보장될 수 없다는 논리로 선거에 참여하지 않았어. 반면에 남한만의 독립 정부 수립을 지지하며 5·10 총선거에 참가한 이승만을 비롯한 참여론자의 견해는 달랐어. '남북한 총선거는 통일 정부 수립을 위한 현실적 방안이며, 한반도 문제 해결은 근본적으로 국민 사이에 민주주의적 역량을 배양함으로써 달성할 수 있다.'고 주장했어.

5·10 총선거 포스터

따라서 5·10 총선거는 우리 민족 전체가 한마음 한뜻으로 지지하며 치러진 선거는 아니었어. 하지만 말이야, 5·10 총선거는 민주주의 원칙에 뿌리를 두고 실시된, 지금의 대한민국을 성립시킨 중요한 선거였음은 분명해. 민주주의의 4대 원칙이라 할 수 있는 보통 선거·평등 선거·비밀 선거·직접 선거에 의한 우리나라 첫 번째 선거였거든.

한편 선거를 주관한 유엔 한국 임시 위원단은 남북한 전체를 대상으로 인구 비례에 의해 300석의 국회의원을 선출할 방침이었어. 하지만 북한 지역의 선거 불가능으로, 북한 지역 할당 의석 100석을 그냥 놔둔 채, 남한에 할당된 200석의 의원만을 총선거를 통해 선출했어.

5·10 총선거에서 선출된 국회의원들은 무얼 했냐고? 제헌 국회를 구성하여 국호를 대한민국으로 결정하고, 7월 17일에는 새 나라를 이끌 헌법을 제정하여 공포했지. 제헌 국회가 뭐냐고? 5·10 총선거에 의해 선출된 초대 국회의원들이 구성한 국회를 헌법을 제정한 국회라고 해서 '제헌 국회'라고 해.

헌법을 제정했으니 이제 정부도 구성해야겠지. 국회는 이미 제정한 헌법에 따라 정·부통령 선거를 실시했어. 이건 또 무슨 말이냐고?

대한민국 정부 수립 선포식
1948년 8월 15일 초대 대통령 이승만이 대한민국의 정부 수립을 국내외에 선포하였다. 사진 속 장소는 지금은 철거되어 없어진 중앙청(일제 강점기 시절 조선 총독부) 청사이다.

1948년 7월 17일에 공포한 헌법에 "대한민국 정부는 대통령과 부통령제로 구성하고 그들의 임기는 4년으로 하되, 1회 중임이 가능하다."라고 규정해 났어. 이 조항에 따라 국회의원들이 국회에서 선거를 실시하여 대통령 이승만, 부통령 이시영을 선출했어. 그리고 대통령이 된 이승만은 1948년 8월 15일에 대한민국 정부의 수립을 국내외에 정식으로 선포했어. 이로써 현재 우리나라인 대한민국 정부가 공식적으로 수립되었지. 우리 민족은 광복된 지 3년 만에 새 나라 새 정부를 갖게 되었고, 유엔은 파리에서 총회^{1948.12}를 열어 대한민국이 민주적인 절차에 의하여 수립된 한반도 내의 합법 정부임을 인정해 주어 세계만방에 대한민국 정부의 수립을 확인해 주었어.

한편, 남쪽에 대한민국 정부가 들어서자, 북한은 최고 인민 회의 대의원 선거를 통하여 김일성을 수상, 박헌영을 부수상으로 하는 조선 민주주의 인민 공화국을 수립하였어^{1948.9.9.}. 결국 김구의 우려처럼 우리 땅 한반도는 체제가 다른 두 개의 나라로 분열되었지.

대한민국 헌법 전문

대한민국 헌법은 전문과 본문으로 구성되어 있어. 전문은 헌법 전체 내용의 지향점을 밝혀놓은 것이고, 세부 내용들은 본문에 적혀 있어.

다음 내용은 대한민국 정부가 1919년 3·1 운동으로 탄생한 대한민국 임시 정부를 계승하고 있음을 명확히 밝히고 있는 전문의 전체 내용이야.

유구한 역사와 전통에 빛나는 우리 대한국민은 기미 3·1 운동으로 대한민국을 건립하여 세계에 선포한 위대한 독립정신을 계승하여 이제 민주 독립 국가를 재건함에 있어서 정의·인도와 동포애로써 민족의 단결을 공고히 하며 모든 사회적 폐습을 타파하고 민주주의 모든 제도를 수립하여 정치, 경제, 사회, 문화의 모든 영역에 있어서 개개인의 기회를 균등히 하고 능력을 최고도로 발휘케 하며, 개개인의 책임과 임무를 완수케 하여 안으로는 국민 생활의 균등한 향상을 기하고, 밖으로는 항구적인 국제 평화의 유지에 노력하여 우리들과 우리들의 자손의 안전과 자유와 행복을 영원히 확보할 것을 결의하고 우리들의 정당 또는 자유로이 선거된 대표로서 구성된 국회에서 단기 4281년 7월 12일 이 헌법을 제정한다.

제헌 헌법의 첫 장

19

일제의 잔재를 청산하기 위한 노력들은?

□ 친일파 청산이 왜 가장 시급했나요?
□ 농지 개혁법은 어떻게 추진되었나요?

□ 친일파 청산이 왜 가장 시급했나요?

조국 광복 이후에 우리 민족이 해결해야 했던 핵심 과제 중의 하나가 친일파를 처단하여 민족 정기를 바로 세우는 일이었어.

왜 그랬냐고? 광복 이후 3년간 우리 땅을 관할했던 미군정은 친일파 처단 문제에 있어서 무척 미적지근했어. 과거 일제 치하에서 관리와 경찰을 했던 친일 세력 대부분을 원활한 행정 처리와 치안 유지를 명분 삼아 그대로 두었으며, 친일파를 처단해야 한다는 우리 민족의 정당한 요구에는 미온적으로만 대처했어.

반민 특위 투서함(왼쪽)과 반민 특위에 잡혀 재판을 받는 친일파(오른쪽)의 모습. 오른쪽 사진에서 정면을 보고 있는 사람이 최남선이다.

　이러한 이유 때문에 대한민국 정부가 수립된 이후 최우선적으로 해결해야 할 과제 중의 하나가 친일파 척결 문제였어. 그러나 친일파 처단에 적극적으로 나선 것은 이승만 정부이기보다는 국회였어. 제헌 국회는 일제 강점기에 일제에 적극적으로 협력한 친일파들을 처벌하기 위하여 1948년 9월에 반민족 행위 처벌법을 만들었어. 그리고 반민족 행위 특별 조사 위원회^{반민 특위}를 구성하였어.

반민족 행위 처벌법

제1조 일본 정부와 통모하여 한·일 합병에 적극 협력한 자, 한국의 주권을 침해하는 조약 또는 문서에 조인한 자와 모의한 자는 사형 또는 무기징역에 처하고 그 재산과 유산의 전부 혹은 2분의 1 이상을 몰수한다.

제2조 일본 정부로부터 작을 수한 자 또는 일본 제국 의회의 의원이 되었던 자는 무기 또는 5년 이상의 징역에 처하고 그 재산과 유산의 전부 혹은 2분의 1 이상을 몰수한다.

제3조 일본 치하 독립운동자나 그 가족을 악의로 살상·박해한 자 또는 이를 지휘한 자는 사형, 무기 또는 5년 이상의 징역에 처하고 그 재산의 전부 혹은 일부를 몰수한다.

반민 특위는 위와 같은 반민족 행위 처벌법에 따라 친일 행위가 뚜렷했던 박흥식, 노덕술, 최남선, 이광수, 최린 등 305명을 잡아들이고, 반민족 행위 682건을 조사했어. 그러나 대통령인 이승만은 공산주의를 물리치는 것이 친일파 청산보다 먼저라고 하면서 반민 특위 활동을 탄압했지. 친일파 청산을 주장하는 사람들은 공산주의자로 몰렸고, 결국 친일파 청산 문제는 1950년 6·25 전쟁이 발발하며 유야무야되고 말았어.

안타까운 것은 이때 제대로 청산했으면, 국론 분열 없이 민족 정체성을 유지하며 발전했을 우리나라가 친일 청산을 제대로 하지 못하여 오늘날까지도 국론 분열이 생기고 있다는 점이야. 안타까워도 참으로 안타까운 문제가 아닐 수 없지.

☐ 농지 개혁법은 어떻게 추진되었나요?

농지 개혁 또한 광복 이후 우리 정부가 시급히 해결해야 할 문제였어. 이를 위해 이승만 정부는 농지 개혁법을 1949년 6월에 제정하고 이듬해부터 농지 개혁을 실시했어. 정부가 농사를 짓지 않는 지주들로부터 토지를 사들여 실제로 농사를 짓는 농민들에게 재분배하는 방식이었지.

그 결과는? 농사지을 땅이 없어 지주의 땅을 소작해야 했던 많은 농민들이 자영농이 되었지. 하지만 말이야, 농지 개혁은 정부가 농민들에게 분배하며 5년 동안 일정액의 곡물이나 돈으로 상환하는 유상 분배 방식으로 진행되었기에 본래 의도만큼 큰 효과를 거두기에는 문제점이 많았어. 어떤

지가 증권 농지 개혁 당시 발행한 지가 증권. 정부는 재정 지출 부담으로 1951년부터 지주들에게 현금 대신 5년에 걸쳐 대금을 지급한다는 지가 증권을 발행해 주었다.

문제가 있었냐고? 농지 개혁의 본래 목적은 자영농 육성에 있었으나, 실제로는 분배 농지에 대한 세금과 상환액이 과중하여 분배받은 농지를 되파는 경우가 많았어. 따라서 토지 겸병과 소작지가 다시 생겨나게 되는 결과를 가져오는 불철저한 개혁에 머무르고 말았지. 또한 1950년에 6·25 전쟁이 발발하며 시행 초기 단계에서 어쩔 수 없이 중단되었다가 전쟁이 끝난 후에 다시 실시되는 우여곡절을 겪기도 했어.

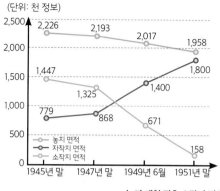

(단위: 천 정보)

농지 개혁 전후 소작지 변화

한편 북한은 1946년에 이미 토지 개혁을 실시했는데, 그 방식이 우리와는 달랐어. 공산주의 체제인 북한은 무상 몰수에 무상 분배 방식으로 이루어져서 시행 단계에서 농민들의 호평을 받았어. 하지만 말이야, 이 방식도 국가적으로 보면 그리 좋은 방법이 아니었어. 지주들의 땅을 반강제적으로 빼앗다 보니, 많은 사람들이 공산주의 체제를 비판하며 38도선을 넘어 남한으로 이주해 왔으며, 6·25 전쟁이 발발했을 때 이들이 남한의 공산화를 막는 데 기여했어. 따라서 북한의 토지 개혁도 북한 정부의 입장에서는 그리 잘한 사업이었다고 판단할 수는 없지.

세계 각국의 민족 배신자 처벌

공산주의를 물리치는 것이 우선이라며 친일파 처단을 흐지부지해 버린 우리나라 정부에 비하여, 프랑스는 제2차 세계 대전 때 나치에 협력한 자국민을 매우 혹독하게 처벌하였어. 다음은 우리나라의 친일파 처벌과 프랑스의 민족 배신자 처벌을 살필 수 있는 도표야. 이 표를 보면 우리나라 친일파 처벌이 프랑스에 비해 얼마나 솜방망이 처벌이었는지를 잘 알 수 있지.

프랑스의 나치 협력자 처벌		한국의 친일파 처벌	
사형 선고	6,763(건)	취급 건수	682(건)
사형 집행	767	영장 발부	408
즉결 처형 포함시	약 12,000	기소	221
종신 강제 노동	2,072	사형	1
유기 강제 노동	10,637	징역형	12
유기 징역	22,883	집행 유예	5
공민권 박탈	3,578	공민권 정지	18
복역죄 선고	46,145	형 면제	2

다행스러운 것은 민족문제연구소가 주체가 되어 일제 식민 통치 당시 반민족 친일 행위를 한 친일파들을 조사하여 수록해 놓은 『친일인명사전』이 2009년에 발간되어 친일파의 면면이라도 살펴볼 수 있다는 거야. 이 사전에는 박정희 전 대통령, 장면 전 국무총리, 김성수 전 부통령, 애국가를 작곡한 음악가 안익태, 시인 서정주, 시인 모윤숙 등도 수록되어 충격을 주었어. "박정희 전 대통령이 무슨 친일파야?"라고 주장할 수도 있지만 젊은 시절에 야망을 이루기 위해 친일 행위를 한 것은 분명한 사실이야.

개인의 행적을 평가할 때 역사 평가는 냉정해야 돼. 공은 공대로 기록하는 것도 역사이고, 과는 과대로 기록하는 것도 역사가 해야 할 일이야. 아무리 희대의 영웅이라고 해도 그 사람의 공만 부각시켜 기록하는 것은 역사 왜곡이야. 이 점 명심해서 역사에 훌륭한 사람으로 남고 싶으면 목에 칼이 들어와도 정의롭고 바른 일만 골라서 해야 해.

『친일인명사전』(민족문제연구소, 2009), 2권 106~107쪽 박정희의 친일 행적을 기술한 부분이다.

20

6·25 전쟁이 우리에게 남긴 상처는?

□ 대한민국 정부 수립 전후 국내 정세는요? □ 6·25 전쟁은 어떻게 전개되었나요?
□ 전쟁은 우리에게 어떤 교훈을 남겼나요?

□ 대한민국 정부 수립 전후 국내 정세는요?

대한민국 정부가 수립된 이후 이승만 정부는 극심한 정치적·경제적 불안을 겪고 있었어. 친일파의 미적지근한 해결과 불완전한 농지 개혁, 재정 적자 심화 위에 물가까지 폭등하며 사회 혼란이 가중되고 있었지. 또한 제2차 세계 대전 이후에 냉전 체제●가 심화되면서 우리 민족도 그 영향 속에서 좌익과 우익의 대립이 점점 더 심해져 갔어.

특히 제주도의 4·3 사건은 같은 해 10월에 발생한 여수·순천 10·19 사건의 배경이 되기도 했어. 제주도 시위가 무장 투쟁으로 번지며 도내의 군인과 경찰만으로 진압하기가 힘들어지자 정부는 여수에 주둔한 군 부대에 제주도 출동 명령을 내렸어. 이때 군대 내에 있던 좌익 군인들이 반발하며 봉기를 일으켜 여수·순천 지역 좌익 세력들의 합세 속에 전라도 동부 지역은 일거에 좌익들의 투쟁 장소로 변해 버렸어. 이 사건은 국군과 경찰의 강력한 진압 속에 간신히 평정을 되찾았지만, 진압 과정에서 선량한 주민들 다수가 희생당하는 아픔을 겪어야 했고, 국군과 경찰에 쫓긴 좌익 세력들 중 일부가 지리산 등으로 들어가 유격전을 벌이며 사회 혼란을 부채질했어.

반면에 북한에 들어선 김일성 정권은 남한보다는 조금은 더 여유가

냉전 체제 제2차 세계 대전 이후 미국과 소련을 중심으로 한 자본주의와 공산주의 체제의 대립을 뜻한다. 1990년 소련의 해체와 사회주의권의 몰락으로 양 진영 사이의 냉전 상태는 사실상 종결되었다.

있었어. 일제 강점기에 만들어 놓은 산업 시설이 북한 땅에 많았기에 경제 형편이 남한보다는 나았어. 여기에 중화 인민 공화국의 수립으로 중국, 소련과 함께 공산주의 삼각 동맹 체제가 강화되며 양 나라의 지원으로 남한보다 한층 빠르게 사회 안정을 기했어. 특히 소련으로부터 군사 고문단의 파견과 함께 전투기와 탱크 등의 무기를 지원받았으며, 중국과는 비밀 군사 협정을 체결하여 4만여 명에 이르던 조선인 동북 의용군을 인민군에 편입시킬 수 있어서 남한 군사력에 비해 크게 우위에 설 수 있었어.

이러한 정세 속에 우리 민족은 해방 이후부터 6·25 전쟁이 발발하는 1950년까지 사상 갈등을 벌이며 남과 북은 점점 더 건널 수 없는 사이로 멀어져 갔어.

□ 6·25 전쟁은 어떻게 전개되었나요?

남한의 이승만 정부는 대외적, 군사적으로 좋지 못한 일을 계속 마주했어. 미국이 주한 미군을 단계적으로 철수하고 있었으며, 1950년 1월에는 '애치슨 라인'을 발표하여 우리 정부를 곤혹스럽게 했어.

애치슨 라인이 뭐냐고? 1950년 1월 12일 미국 국무 장관 애치슨이 발표한 공산주의 세력 확장 방지를 위한 동북아시아 방어선을 말해. 애치슨은 소련과 중국의 공산주의 세력 확장 야심을 저지하기 위하여 태평양의 미국 방위선을 알류산 열도-일본-오키나와-필리핀으로 하겠다는 발표를 했어. 이게

애치슨 라인 미국이 발표한 동북아시아 방어선. 한반도는 이 라인에서 제외되어 있다.

서울로 들어오는 인민군(위)
폭파되는 한강 철교(가운데)
휴전 협정 조인식(아래)

우리와 무슨 상관이 있냐고? 충격적일 정도로 아주 큰 연관이 있어. 북한이 소련과 중국을 등에 업고 남침을 해 와 한반도 전체를 공산주의 체제로 만들어도 미국은 크게 상관하지 않겠다는 빌미를 제공해 줄 수 있었거든. 이건 또 무슨 얘기냐고? 생각해 봐. 알류산 열도에서 일본, 필리핀 선으로 공산주의의 남하를 막기 위한 방어선이 구축되면 우리와 타이완은 공산화가 되어도 상관없다는 얘기가 되고 말아.

실제로 애치슨 라인의 발표는 북한에게 남침의 빌미를 제공했어. 그렇지 않아도 '이승만 정부 정도는 한방 감도 안 된다.'는 자신감을 가지고 있었던 북한의 김일성 정권에게 남침해도 된다는 확신을 심어 주게 했어. 또한 북한을 알게 모르게 조종했던 중국과 소련에게도 남한 전체를 속전속결로 점령해 버리면 미군이 굳이 개입하지 않을 것이라는 오판을 하게 만들었어.

이러한 대외적, 대내적 정치 격변 속에서 1950년 6월 25일 새벽, 드디어 북한이 38도선을 넘어 남으로 쳐들어왔어. 우리 국군은 최선을 다해 맞서 싸웠으나, 북한군의 월등한 화력 앞에 추풍낙엽이 되어 낙동강 전선까지 밀려났어. 대한민국의 운명은 그야말로 '바람 앞에 등불'과 같은 상황이었어.

미국은 즉시 유엔 안전 보장 이사회를 소집하여 북한을 침략자로 규정하고, 16개국으로 유엔군을 구성하여 한국 파병을 결의했어. 유엔군의 한반도 파병과 더불어 8월부터 반격을 개시한 국군과 유엔군은 9월 15일 인천 상륙 작전을 성공시켜 전세를 반전시켰어. 9월 28일에는 서울을 수복한 후 38도선을 넘어 압록강까지 진격해 나갔어.

전세는 역전되어 국군에 의해 남북통일이 이루어지는 듯했어. 그러나 이러한 생각 또한 환상에 불과했어. 북한이 밀리자 중국이 북한을 도왔고, 중국군의 '인해 전술'에 눌린 국군과 유엔군은 다시 밀려 평택, 오산까지 후퇴해야 했어. 다행히도 전력을 가다듬은 국군과 유엔군은 재차 서울을 수복했고, 이후 전투는 38도선 부근에서 주로 벌어졌어.

북한에 영향력을 행사하고 있던 소련은 전쟁이 장기화되자 유엔을 통해 휴전을 제의해 왔어. 유엔군이 북한군과 휴전 협정을 논의하자 우리 정부는 '남북 통일을 이루지 못하고 휴전할 수 없다'는 성명을 발표하고 범국민적 시위를 벌였어. 게다가 포로에 관한 국제 협정에도 위배되는 반공 포로 석방까지 전격적으로 단행하며 휴전 논의를 반대했어. 하지만 미국으로부터 한·미 상호 방위 조약의 체결과 장기간에 걸친 경제 원조, 한국군 증강 등의 약속을 받고 휴전에 동의했고, 이로써 1953년 7월 27일에 휴전은 결국 성립되었어.

☐ 전쟁은 우리에게 어떤 교훈을 남겼나요?

북한이 도발한 6·25 전쟁은 동족상잔의 비극이었어. 남한의 사상자만 150만 명에 달하는 등 이 전쟁으로 수많은 사람들이 생명과 재산을 잃었어. 여기에 전쟁고아와 이산가족이 다수 발생하였으며, 국토는 황폐화되어 남북한 모두 큰 피해를 입었고 정신적 피해 또한 막대했어.

남북공동경비구역(JSA) 내 남측에서 바라본 북측 판문각.

전쟁 이후 남북한의 정치도 바람직하지 못한 상황이 연출되었어. 남한의 이승만 정부는 반공을 국가의 이념으로 삼아 야당 탄압을 일삼으며 독재의 길을 걸어갔고, 북한 또한 반대 세력의 제거 속에 김일성 유일 체제를 강화하여 남한보다 더 심한 독재 정권을 구축했어. 그뿐만 아니라 남북한 간에는 전쟁으로 적대 감정이 팽배하여 평화 통일보다는 상호 비방하는 국면으로 남북 관계가 치달아 지금도 대결 구도 속에서 남과 북이 따로 움직이는 비극을 연출하고 있지.

한편 6·25 전쟁은 사회적으로도 피해가 많았어. 전쟁 중에 인구 이동이 많아지며 가족 제도와 촌락 공동체 의식을 약화시켰고, 외국군 특히 미군의 주둔과 경제 원조 속에 우리 전통 가치와는 다른 서구 문화가 유입되며 급격한 가치관의 혼란을 겪어야 했어.

이처럼 6·25 전쟁은 우리 민족에게 생채기만 크게 남긴 채, 아직도 휴전선을 경계 삼아 적대시하는 분단국으로 남게 만들었어.

현재 우리가 최우선적으로 해야 할 일은 남과 북 모두 서로를 존중한 상태에서 평화 통일을 이루는 일일거야.

"평화 통일."

말로만이 아닌, 실제 이루어질 수 있도록 우리들이 노력하자.

6·25 전쟁! 아직도 아물지 않은 상처들

6·25 전쟁으로 인해서 우리가 당한 피해는 생각보다 훨씬 더 컸어. 다음 도표를 보면 남한은 물론 전쟁을 일으킨 당사자인 북한도 피해가 상당했음을 알 수 있지.

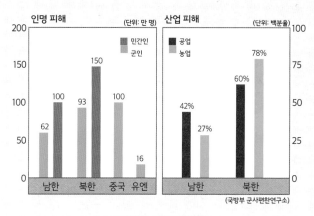

6·25 전쟁의 피해와 영향

그런데 더 마음 아픈 것은 전쟁이 끝난 지 어언 70여 년이 지난 지금까지도 그 후유증은 계속 현재 진행형으로 남아 우리 민족의 가슴에 생채기를 내고 있다는 점이야. 남과 북의 대립 구도 속에서 서로를 향한 비난, 군비 경쟁, 이산가족 문제 등 전쟁이 없었다면 발생하지 않았을 다양한 문제들이 지금도 우리 땅 어디선가는 불협화음을 내고 있어. 참으로 안타까운 일이야.

다만 우리가 꼭 알고 실천해야 할 것은? 민족이 되었건, 국가가 되었건 혹은 개인이 되었건 간에 서로 갈등이 발생했다고 폭력을 써서 문제를 해결하려는 것은 저차원적인 방법에 불과하다는 거야. 6·25 전쟁에서 우리가 얻을 수 있는 교훈은 싸움은 절대 올바른 갈등 해결 방법이 아니라는 거지. 이 점 꼭 명심해야 돼.

21

1960~70년대 우리나라는
어떤 변화를 겪었을까?

□ 4·19 혁명은 왜 일어났나요? □ 새 정부는 어떻게 나라를 이끌었나요?
□ 5·16 군사 정변이 우리나라 정치를 어떻게 바꾸었나요?
□ 성장 위주 경제 정책의 문제점은 무엇이었나요? □ 민주주의는 어떻게 실종되어 갔나요?

□ 4·19 혁명은 왜 일어났나요?

오빠와 언니는 왜 총에 맞았나요?

강명희

아! 슬퍼요.
아침 하늘이 밝아오며는
달음박질 소리가 들려옵니다.
저녁노을이 사라질 때면
탕 탕 탕 탕 총소리가 들려옵니다.
아침 하늘과 저녁노을을
오빠와 언니들은 피로 물들였어요.

오빠 언니들은
책가방을 안고서
왜 총에 맞았나요.
도둑질을 했나요.
강도질을 했나요.

무슨 나쁜 짓을 했기에
점심도 안 먹고
저녁도 안 먹고
말없이 쓰러졌나요.
자꾸만 자꾸만 눈물이 납니다.

잊을 수 없는 4월 19일
그리고 25일과 26일
학교에서 파하는 길에
총알은 날아오고
피는 길을 덮는데
외로이 남은 책가방
무겁기도 하더군요.

나는 알아요. 우리는 알아요.
엄마 아빠 아무 말 안 해도
오빠와 언니들이 왜 피를 흘렸는지를

오빠와 언니들이
배우다 남은 학교에서
배우다 남은 책상에서
우리는 오빠와 언니들의
뒤를 따르렵니다.

이 시는 4·19 혁명[1960] 당시에 수송초등학교 4학년 학생이었던 강명
희가 쓴 동시야. 이제 막 철이 들기 시작한 초등학생이 이런 시를 쓸 정

시위에 나선 초등학교 학생들
4·19 혁명 당시 시위에 참여한 서울 수송초등학교 학생들. 이날 시위에 참여한 수송초등학교 6학년 전한승군은 경찰의 사격으로 12살 어린 나이에 안타깝게도 목숨을 잃었다.

도로 4·19 혁명은 우리 국민들의 가슴에 큰 슬픔을 안겨 주었지.

그런데 4·19 혁명은 왜 일어났을까?

6·25 전쟁을 치른 뒤, 이승만 정부는 강력한 반공 정책을 추진하면서 독재 정치를 강화하는 데 혈안이 되어 있었어. 이승만이 총재로 있던 자유당은 각종 부정을 저질렀을 뿐만 아니라 이승만의 장기 집권을 위하여 무리하게 헌법을 개정하고 부정 선거를 실시하였지.

1956년에 치러진 제3대 대통령 선거는 이승만이 대통령 후보로 나오면 안 되는 선거였어. 당시 우리나라 헌법에 의하면 대통령은 4년 임기에 1차에 한하여 중임할 수 있었지. 따라서 8년에 걸쳐 1, 2대 대통령을 한 이승만은 법적으로 제3대 대통령을 뽑는 선거에 나올 수 없었어. 그러나 자유당은 이승만의 장기 집권을 위하여 3선 금지 조항을 폐지하는 법안을 국회에 올렸고, 야당의 극심한 반발을 애써 무시하며 이 법안을 통과시키려 했어^{1954.11.27.}.

당시의 국회법에 따르면 헌법 개정은 국회의원 3분의 2 이상이 찬성해야 할 수 있었어. 당시 국회의원은 총 203명으로 자유당이 발의한 법안이 통과되려면 3분의 2인 136명 이상의 찬성이 필요한 상황이었어. 그런데 투표 결과 찬성이 135표였지. 결국 1표가 부족하여 자유당이 제출한 3선 금지 조항 폐지 법안은 부결되고 말았어. 그러나 자유당은 서울대 수학과 교수의 의견을 얻어 수학의 '사사오입론'을 헌법 개정에 적용하는 무리수를 두었어. 203명의 3분의 2인 135.33명은 논리

적으로 성립되지 않으며, 0.33이란 자연인으로 존재할 수 없으므로, 반
[♯]도 안 되는 소수점 이하는 삭제하는 것이 이론상 옳다고 주장하며 법
안 통과를 공표해 버렸지_{사사오입 개헌}.

　이러한 우여곡절을 거치며 이승만은 제3대 대통령 선거에 출마했
어. 하지만 국민들의 마음은 이미 이승만을 떠나 있었어. 당시 야당인
민주당은 대통령 후보로 신익희를, 부통령 후보로 장면을 내세웠지. 이
때 야당의 선거 구호는 "못 살겠다. 갈아 보자!"였어.

　이에 대응하여 자유당은 "갈아 봤자 별 수 없다", "갈아 봤자 더 못
산다", "구관이 명관이다", "싱겁다 신익희, 장난 마라 장면"으로 맞불
을 놓았지. 민주당 또한 가만있지는 않았어. "그래도 헌 신보다 새 신이
낫다"고 하면서 자유당 정권의 부정과 비리를 공격했지. 이때 진보당
후보로 나온 조봉암은 "이것저것 다 보았다. 혁신밖에 살 수 없다."를
외치며 자유당과 민주당을 싸잡아 비난하기도 했어.

　국민들은 이번에는 야당으로 정권을 교체해야 한다고 생각하고 있
었어. 그러나 선거 유세 도중에 민주당 대통령 후보 신익희가 갑자기
죽어 민주당은 후보를 내지 못하였고, 선거 결과는 1위 이승만, 2위 조
봉암이 되고 말았어. 한편, 부통령 선거에서는 민주당 후보인 장면이
자유당 후보인 이기붕을 누르고 당선되어 여당 출신 대통령에 야당 출
신 부통령이 한 정부에서 일해야 하는 불편한 동거가 시작되었지. 민심
이 자유당을 떠난 결과였어.

　제3대 대통령이 된 이승만은 국민들의 지지가 약해지자 '반공'을 앞
세워 국민들을 통제하기 시작했어. 조봉암은 대통령 선거 기간 내내
'평화 통일'을 주장했지만, 이승만은 조봉암을 자신의 라이벌로 간주하
여 결국 간첩으로 몰아 사형시켜 버리기까지 했어. 6·25 전쟁이 끝난
지 얼마 되지 않은 때라, 북한에서 보낸 간첩이라 하면 국민들이 적개
심을 가지고 대한다는 사실을 교묘하게 이용하여 자신의 정치적 반대

자를 제거해 버린 거지.

　자유당 정권의 부정 선거는 1960년 3월 15일에 치러진 제4대 정·부통령 선거 때 더욱 심해졌어. 자유당은 대통령으로 이승만을, 부통령으로 이기붕을 당선시키고자 대대적인 부정 선거를 자행했어. 부정 선거의 방법은 매우 다양했지. 막걸리나 고무신을 사 주고 자유당을 찍게한 것은 부정의 축에도 끼지 못할 정도로 부패가 심한 선거였어. 3명이나 9명을 한 조로 묶어 서로 감시하면서 자유당을 찍게 하였고, 투표를하러 오지 못한 사람의 투표용지를 자유당 사람들이 임의로 도장을 찍어 투표함에 넣었으며, 개표장으로 이동하는 도중에 투표함을 바꿔치기하는 등, 도저히 민주적인 선거라고 할 수 없을 정도의 부정이 전국각지에서 이루어졌어.

　자유당의 이러한 부정 선거에 국민들은 가만있지 않았어. 자유당 정권 퇴진을 외치는 항의 시위가 다발적으로 벌어졌어. 그런데 경상남도마산에서 경찰이 시위대 해산을 위해 쏜 최루탄에 맞아 고등학생 김주열이 사망하는 사건이 발생했어. 경찰은 죽음을 감추기 위하여 시신을마산 앞바다에 버렸지만, 며칠이 지나 시신이 떠오르면서 사람들은 경악했지. 시위는 더욱 격렬해져서 '이승만은 물러가라'를 외치며 전국으로 번졌어. 정권 퇴진 시위는 4월 19일에 절정에 달하였고, 이승만 정

벽에 붙은 대통령 선거 포스터에서 찢어진 야당 후보의 포스터(왼쪽)와 3·15 부정 선거를 규탄하는 시위대(오른쪽)의 모습.

부는 확산되는 시위를 진압하기 위하여 계엄령을 선포하고 군대까지 동원했지만 정권의 운명은 벼랑 끝에 서 있는 상황으로 몰리게 되었어. 결국 이승만은 더 버티지 못하고 4월 26일에 "국민이 원한다면 대통령직에서 물러나겠다."라는 하야 성명을 발표하고 하와이로 망명을 떠나야 했어.

3·15 부정 선거에 반발하여 전국 각지에서 일어난 국민들의 항의 시위가 4·19 혁명을 만들어 내었고, 그 결과 국민들은 독재 정권을 무너뜨리고 민주주의의 새 역사를 열 수 있게 된 거야.

□ 새 정부는 어떻게 나라를 이끌었나요?

4·19 혁명으로 이승만이 이끄는 자유당 정권이 무너지고, 외무부 장관이었던 허정이 이끄는 과도 정부가 들어섰어. 3·15 부정 선거의 주역들은 구속되었으며, 내각 책임제*와 양원제 국회를 주요 내용으로 하여 헌법을 개정해서 새 헌법에 의한 총선거가 실시되었지. 이 선거에서 야당이었던 민주당이 압도적인 승리를 거두었고, 새로 구성된 국회는 나랏일을 실질적으로 책임지고 이끌어 갈 국무총리로 장면을 선출하여 장면 내각을 출범시켰어제2공화국(1960).

장면 내각은 경제 발전과 남북 관계의 개선을 위하여 여러 가지 정책을 펴면서 나라를 안정시키기 위하여 노력했어. 그러나 1년여에 불과한 제2공화국 시대는 국민들의 다양한 요구가 한꺼번에 분출했던 격동의 시기였어. 교사와 기자를 비롯한 노동자들은 자신들의 권익을 찾기 위하여 노동조합을 만들었으며, 대학생들은 "가자 북으로, 오라 남으로!"를 외치며 판문점에서 북한 학생과 평화 통일을 위한 회담을 개최하려 했지.

그래도 다행인 것은 한꺼번에 쏟아져 나오는 여러 가지 주장들 때문

내각 책임제 의회의 다수 의석 정당이 행정부(내각) 구성권을 가지고 내각을 꾸려 나랏일 전체를 관장하는 정치 제도. 현재 우리나라나 미국은 대통령 중심제이지만, 일본과 영국 등은 의원 내각제에 의한 내각 책임제로 운영되고 있다.

에 사회 체제는 조금 혼란했지만, 독재의 시대에서는 생각할 수도 없었던 참신한 주장들이 나오며 각 계층들은 서로의 갈등과 논쟁을 조정하는 법을 조금씩 배워 나갔어. 바야흐로 민주주의가 싹트는 순간이었지. 그러나 한편에서는 제2공화국의 이러한 상황을 '혼란의 시대'로 보는 사람들도 있었어. 그중 한 사람이 별 2개를 단 군인 박정희였지. 그는 혼란한 사회상을 바로잡겠다는 야심을 가지고 남몰래 쿠데타를 꾸몄어.

□ 5·16 군사 정변이 우리나라 정치를 어떻게 바꾸었나요?

1961년 5월 16일, 박정희를 중심으로 한 군부 쿠데타 세력이 반공, 친미, 구악 일소, 경제 재건을 명분으로 삼아 군사 정변을 일으켜 정권을 장악했지5·16 군사 정변. 정변을 일으킨 군인들은 헌법의 효력을 중단시키고, 국가 재건 최고 회의를 구성하여 2년 6개월 동안 정치를 주도했어. 이들은 반공을 구호로 내걸고 경제 재건과 정치 안정 및 사회 개혁을 강조하면서 대통령 중심제와 단원제 국회를 주요 내용으로 하는 헌법 개정안을 마련하여 이를 국민 투표에 부쳐서 확정했지. 그러고는 민주공화당을 창당하여 자신들의 세상을 꿈꾸었어. 정변의 주역인 박정희는 쿠데타 직후에는 사회가 안정되면 다시 군대로 복귀하겠다고 약속했지

서울 시가로 진입하는 5·16 쿠데타군의 탱크(왼쪽), 군사 쿠데타 직후 모습을 드러낸 박정희(오른쪽, 사진 가운데).

만, 결국 군복을 벗더니 민주공화당의 대통령 후보로 출마했어. 그러고는 1963년 대통령 선거에서 야당 후보였던 윤보선을 15만 표 차로 제치고 제5대 대통령에 당선되었지. 바야흐로 제3공화국이 탄생된 거야.

□ 성장 위주 경제 정책의 문제점은 무엇이었나요?

박정희 정부는 조국 근대화를 내세우고 공업화를 최우선 과제로 삼아 성장 위주의 경제 정책을 수립하였어. 그러나 경제 개발에 투입될 자금이 부족했어. 박정희 정부는 경제 개발에 필요한 자금을 조달하기 위하여 일본과의 국교를 정상화하려 했어. 1945년 해방 이후 우리나라는 일본과 국교를 맺지 않고 있었는데, 박정희 정부가 경제 개발의 원동력이 될 자금을 확보하기 위하여 일본과 다시 교류를 하려고 한 거야. 학생들과 시민들은 일제 강점에 대한 사죄와 보상이 없는 한·일 국교 정상화는 굴욕 외교라고 하면서 반대 시위를 벌였어6·3시위(1964).

정부의 대응은? 정부는 이에 아랑곳하지 않고 회담을 서둘러서 '일본은 과거 침략과 식민지 지배를 통하여 한국 국민에게 끼친 정신적, 물질적 피해를 배상하지 않고, 한국 정부에 무상 3억 달러, 민간 상업 차관 3억 달러를 제공한다'는 것을 주요 내용으로 하는 협정을 체결해서 국민들의 자존심에 상처를 주었어한·일 협정(1965).

한편, 박정희 정부는 미국의 요청에 따라 베트남에서 공산 세력을 물리친다는 구실로 국군을 베트남에 보내기도 했어. 베트남 파병 역시 반대하는 국민들이 있었어. 그러나 정부는 파병의 대가로 미국으로부터 국군의 전력 증강과 경제 개발을 위한 차관 제공을 약속 받고 우리 젊은이들을 전쟁터로 내몰았어베트남 파병(1965).

박정희 정부의 한·일 협정 체결과 우리 군대의 베트남 파병은 분명 문제가 있는 정책 결정이었어. 예를 들어 강제 징용 피해자 보상 문제

중화학 공업 육성 정책에 따라 조성된 공업 단지(왼쪽), 1970년대 초반 열악한 노동 환경을 개선하기 위해 노동 운동에 나선 민주열사 전태일(사진 왼쪽에서 세 번째)과 노동자들(오른쪽).

나 일본군 '위안부' 문제가 현재까지 풀리지 않고 있는 원인이 한·일 협정 체결에 있어. 물론 이때 확보한 자금을 바탕으로 1970년대 경제 성장을 이뤄 냈기에 정부의 결정 자체를 일방적으로 비난할 수는 없어. 하지만 미숙하게 체결되었던 조약임에는 분명해.

☐ 민주주의는 어떻게 실종되어 갔나요?

박정희는 1967년 대통령 선거에서 야당 후보인 윤보선을 큰 표 차로 누르고 재선에 성공했어. 하지만 그 또한 이승만처럼 장기 집권을 꾀했어. 박정희는 세 번째로 대통령을 하기 위하여 3선 개헌을 강행했어. 당시 우리나라의 헌법에 의하면 대통령은 4년마다 선거를 통해서 뽑되, 두 번 이상 할 수 없도록 규정되어 있었어. 그래서 박정희가 세 번 연속으로 대통령을 하는 것은 엄연한 불법 행위였지. 그럼에도 불구하고 그는 자기가 추진하고 있는 각종 정책을 마무리하기 위해서는 한 번 더 대통령을 해야겠다고 억지를 부리면서 여당인 민주공화당 국회 의원들을 동원하여 3선 개헌안을 국회에서 통과시켜 버렸어. 그러고는

1971년 개정된 헌법에 의해 선거를 치러 야당 후보로 나온 김대중을 누르고 다시 대통령 자리에 앉았지. 그러나 이때부터 민심은 차츰 떠나기 시작했고, 외국 자본에 의존하여 추진했던 경제 성장 정책에도 부작용이 나타나기 시작하였어. 악덕 재벌들이 출현하였으며, '먼저 성장하고 후에 분배한다'는 성장 우선 주의는 노동자와 농민의 생존권을 위협하여 노동자·농민의 거센 투쟁을 불러오게 되었어.

민심은 이제 박정희를 편들어 주지는 않았어. 그럼에도 불구하고 박정희의 권력 욕심은 끝이 없었어. 그는 자신이 영원토록 대통령을 하기 위하여 1972년 10월 유신을 선포했어. '한국적 민주주의를 토착화'시킨다는 명분 아래 만든 유신 헌법은 박정희 1인 독재 체제를 한층 강화하여 박정희를 왕조 시대의 왕에 버금갈 정도로 막강한 권한을 가진 대통령으로 만들었어.

유신 헌법으로 박정희가 제왕적 대통령이 된 시대는 제4공화국으로, 입이 있어도 말을 할 수 없었고 정권의 마음에 들지 않으면 아무리 좋은 노래와 영화도 무조건 금지되는 그런 사회였어. 가수 양희은이 부른 〈아침이슬〉은 처음에는 건전 가요로 인정되었으나 얼마 뒤에 노랫말이 저항 의식을 북돋을 수 있다고 하여 금지곡이 되었어. 〈이루어질 수 없는 사랑〉은 더 황당한 이유로 금지곡이 되었지. '사랑이 왜 이루어지지 않냐?'가 금지곡이 된 이유였다고 해. 요즘 인기 있는 아이돌 가수들만큼이나 춤을 멋지게 추었던 김추자의 〈거짓말이야〉는 '거짓말이야, 거짓말이야, 사랑도 거짓말 웃음도 거짓말이야'라는 노랫말이 건전한 사회 분위기를 해친다는 이유로 금지곡이 되는 웃지 못할 일들이 벌어졌어. 1975년에 무려 200여 곡의 가요가 금지곡으로 지정되었으니, 창작의 자유가 크게 위축되었던 것은 당연한 결과였지. 영화 또한 마찬가지였어. 아무리 영화가 좋아도 정부의 사전 검열을 받지 않으면 영화관에서 상영할 수 없었고, 또한 검열 과정에서 가난한 동네나

못사는 사람이 나오면 사회 분위기를 해친다 하여 무조건 삭제를 명령했다고 해. 물론 이 명령을 따라야 극장에 영화를 걸 수 있었고.

여기에 더 황당한 것은 남자가 긴 머리를 하고 거리를 나다니면 경찰이 가위나 이발 기계를 들고 있다가 보는 즉시 그 자리에서 머리카락을 싹둑 잘라 버렸어. 귀가 완전히 나오고 뒷머리가 셔츠의 깃에 닿지 않아야 했지. 미니스커트 역시 마찬가지였어. 경찰들이 자를 가지고 다니며 치마가 짧다고 생각되는 여성을 길거리에 세워 놓고 일일이 치마 길이를 재며 단속을 했어.

물론 이러한 폭압적인 유신 체제에 사람들이 전부 찬성한 것은 아니었어. 학생들과 지식인들은 민주주의의 부활을 위하여 유신 체제 반대 운동을 꾸준히 전개하였어. 일반 시민들도 정권을 비판하면 쥐도 새도 모르게 끌려가 고문을 받는 시대 상황 때문에 아무 소리도 못 하고 사는 듯했지만, 가슴속에는 불만이 가득 차 있었지.

1979년 10월, 마침내 유신 정권에 대한 그동안의 불만이 봇물 터지듯이 터져 나오고 말았어. 부산과 마산에서 학생들과 시민들이 유신 철폐를 외치며 독재 반대 시위를 격렬하게 전개했던 거야^{부·마 항쟁}. 박정희 정권은 무력을 동원하여 부·마 항쟁을 진압하려 했으나, 진압에 대한 방법을 놓고 정권 내부에서 강경파와 온건파가 대립하며 알력 다툼이 생겼어. 이 과정에서 박정희 대통령의 심복이었던 중앙정보부장 김재규가 대통령을 쏘아 죽였어^{10·26 사태}. 10·26 사태는 정권 내부의 알력 다툼 때문에 대통령이 죽게 된 사건이었지만, 이 사건을 계기로 '동토 冬土의 왕국' 유신 정권은 종말을 고하고 말았어.

유신 헌법에 반대하는 행위와 보도 등을 금지하는 내용을 담은 '긴급 조치 9호' 선포를 보도한 『조선일보』 기사(위)와 박정희 시해 사건의 주역 김재규(아래). 김재규는 당시 중앙정보부장으로 박정희 대통령의 심복이었다.

제4공화국 시절 금지곡이 된 노래들

다음 노래들은 '가사 퇴폐'와 '저속'이라는 이유로 제4공화국 시대에 금지곡이 되었지만, 실제 이유는 대학가에서 유신 정권을 비판하는 의미로 불려졌기 때문에 그리 되었어. 심지어 배호라는 가수가 부른 〈0시의 이별〉은 남녀가 0시에 헤어지면 당시에 있었던 통행금지 정책을 위반하는 것이라는 이유 같지 않은 이유로 금지곡에 지정되기도 했어. 어찌 보면 참으로 암울했던 시대가 유신 헌법에 의해 다스려진 제4공화국 시대였지.

아침 이슬
양희은

긴 밤 지새우고 풀잎마다 맺힌
진주 보다 더 고운 아침 이슬처럼
내 맘의 설움이 알알이 맺힐 때
아침 동산에 올라 작은 미소를 배운다
태양은 묘지 위에 붉게 떠오르고
한낮에 찌는 더위는 나의 시련일지라
나 이제 가노라 저 거친 광야에
서러움 모두 버리고 나 이제 가노라
내 맘의 설움이 알알이 맺힐 때
아침 동산에 올라 작은 미소를 배운다
태양은 묘지 위에 붉게 떠오르고
한낮에 찌는 더위는 나의 시련일지라
나 이제 가노라 저 거친 광야에
서러움 모두 버리고 나 이제 가노라

0시의 이별
배호

기다리란 그 한 마디 너의 진정 그 말이면
돌아오기를 나는 믿고 웃으며 보낸다
한없이 그리워도 보고 싶어 외로워도
너와 나는 사랑하고 사랑하니까
너는 다시 돌아오겠지(후략)

그건 너
이장희

모두들 잠들은 고요한 이 밤에
어이해 나홀로 잠 못 이루나
넘기는 책 속에 수많은 글들이
어이해 한자도 뵈이질 않나
그건 너 그건 너 바로 너 때문이야
그건 너 그건 너 바로 너 때문이야(후략)

22

1980년대 이후의 우리나라는
어떤 변화 속에 살고 있나?

□ 1980년 5월, 무슨 일이 벌어졌나요?

10·26 사태 이후 국민들은 우리나라에도 민주주의의 꽃이 활짝 필 것을 기대했어. 그러나 그 기대는 환상에 불과했어. 1979년 12월 12일에 국군보안사령관 전두환과 그 일당이 지휘 계통을 무시하고 군대를 동원하여 상관들을 내쫓고 정권을 장악하는 쿠데타를 벌였어12·12 사태.

국민의 눈이 몇 개인데, 백주대낮에 쿠데타를 일으켰냐고? 박정희 대통령 시해 사건 때 합동수사본부장을 국군보안사령관인 전두환이 맡았어. 왜 사건 수사 책임을 검찰이 아닌 국군보안사령관이 했냐고? 대통령은 국가 행정뿐만 아니라 국군의 최고 책임자여서 사건 초기부터 군이 주도적으로 사태 해결에 개입했고 조사는 군대 내의 안보를 책임진 국군보안사령부가 맡았어. 그러다 보니 사태 해결 과정에서 자연스럽게 권력이 국군보안사령관인 전두환에게 쏠리게 된 것이지.

국군보안사령관이 군대 내에서 아주 높은 직책이냐고? 그건 아니야. 국방부 장관도 있고 육군참모총장도 있으니 군대 내 서열로만 따지면 아주 높다고는 할 수 없어. 다만 사건 조사를 전적으로 책임지다 보니, 고급 정보를 많이 접하게 되어 상관인 정승화 육군참모총장이 자기를 제거하려 한다는 첩보를 전해 듣고 서둘러 쿠데타를 일으킨 것이지.

밀려나지 않기 위해서 말이야.

결국 12·12 사태는 성공해서 정권은 정변을 주도했던 군인 세력들에게 넘어가 버렸어. 이 군인들을 '신군부●'라고 했고 말이야.

이에 국민들은 군인들의 정권 장악에 반대하는 민주화를 요구하는 시위를 전개했어. 1980년에 접어들면서 전두환

1980년 5월 15일 신군부의 정권 장악에 반대하여 서울역 앞에 모인 시위대.

의 정권 장악 야욕이 한층 명백해지자, 전두환 퇴진을 요구하는 시위가 연일 계속되었으며, 5월 15일에는 10만여 명의 사람들이 서울역 앞에서 계엄 해제를 요구하며 이른바 '서울의 봄'이라는 부르는 대규모 시위를 전개했어. 신군부 세력의 반응은? 그들은 국민들의 대규모 시위에도 눈 하나 깜짝하지 않고, 정권을 잡는 데만 정신을 팔았지.

1980년 5월 18일이었어. 이 날은 우리 역사에서 눈 씻고 찾으려 해도 찾아볼 수 없는 아주 비극적인 날이야. 왜 그러냐고? 신군부 군인들이 국민을 상대로 총칼을 휘두른 날이거든. '군대'란 게 뭐야? 국민의 신변과 재산을 외부 세력으로부터 지키기 위해 국민의 세금으로 구입한 총기로 무장한 집단이야. 이런 세력이 자기들이 죽음으로써 보호해야 할 국민을 상대로 총칼을 휘두르는 불법을 저지른 거야.

신군부 세력은 전국 각지에서 다발적으로 발생하는 민주화 시위를 강력한 무력을 동원하여 진압하면서, 자기들의 위력을 보여 주기 위해 서울 다음으로 민주화 시위 열기가 거셌던 광주에 계엄군을 파견하여 무력 진압을 시도했어. 이때 광주에 내려간 부대는 공수부대 위주였는데, 공수부대는 국군 안에서도 전쟁이 일어나면 가장 앞장서서 전투를

신군부 12·12 사태를 일으켜 정권을 탈취한 전두환을 위시로 한 군인 세력을 박정희 대통령 시대의 군부와 구분하기 위해 붙인 명칭.

광주 금남로에서 대치 중인 광주 시민과 계엄군(왼쪽)의 모습과 시민들을 무자비하게 진압하는 계엄군(오른쪽)의 모습이다.

벌이는 훈련이 잘된 부대야. 신군부는 이런 부대의 군인들을 자기들이 보호해야 할 국민을 죽이는 일에 무책임하게 내려 보낸 거야.

이때 광주에 내려간 군인들이 정말 광주 시민들을 무차별적으로 진압했냐고? 진짜 그랬어. 민주화를 요구하며 평화적으로 시위를 벌이고 있는 학생과 시민들은 물론이려니와 거리에 나와 구경만 하고 있어도 무차별적으로 때리고 총칼로 위협하며 무단으로 체포해 갔어.

이렇게 억울하게 당하면서도 광주 시민들은 가만있었냐고? 물론 저항했지. 광주 시민들은 신군부의 만행에 항거하여 일주일 동안 서로 어깨를 걸고 끝까지 투쟁했어. 하지만 무장한 군인들을 상대로 시민들이 싸우면 얼마나 싸웠겠어. 결국 역부족으로 폭압적인 계엄군의 총칼 앞에 무너지고 말았지 5·18 민주화 운동.

5·18 민주화 운동 당시 한 여고생이 쓴 일기로 광주의 상황이 생생하게 기록되어 있다.

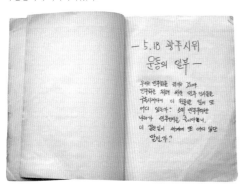

5·18 민주화 운동 과정에서 피해를 입은 광주 시민들의 수는 상상을 초월해. 154명이 죽고 70여 명이 행방불명되었으며, 3천여 명 이상이 부상을 당했으니, 그 참담함은 이루 말할 수 없었지. 참으로 안타까운 비극이고, 이런 비극은 앞으로는 일체 있어서는 안 될 일이야.

□ 6월 민주 항쟁은 왜 일어났나요?

전두환이 이끄는 신군부 세력은 5·18 민주화 운동을 무력으로 진압한 후, 자신들에게 유리한 방향으로 헌법을 개정하여 전두환을 대통령으로 만들었어제5공화국.

전두환 정부는 정의 사회 구현과 복지 사회 건설을 국정 지표로 내세웠으나, 5·18 민주화 운동의 무력 진압으로 인한 생채기로 국민의 전폭적인 지지를 받는 데는 한계가 있었어.

민주화를 요구하는 사람들을 자기들이 만든 제도 속에서 최대한 막으려 했으나, 그게 쉽게 되지는 않았고 편법까지 동원하여 반대 세력을 제압하려 했어. 그러면서 다른 한편으로는 자기들이 나라를 편안하게 잘 이끈다는 것을 보여 주려고 시위로 제적된 학생들 중 일부를 다시 학교에 다니게 했으며, 중·고학생의 교복 자율화, 야간 통행금지 해제 등과 같은 회유책을 동시에 폈어. 또한 물가 안정과 경제 성장, 수출 증대에도 최대한 노력했어.

하지만 비민주적인 방법으로 정권을 잡다 보니 다수의 국민들로부터 정통성을 인정받기가 힘들었으며, 대통령부터 부정과 비리에 연루되어 시일이 흐르면 흐를수록 정권을 비판하는 강도가 높아만 갔어.

1987년 1월이었어. 서울대 학생 박종철이 불법 체포되어 경찰의 고문으로 사망하고 말았어. 민주화 시위를 주도한 친구의 소재지를 알아내기 위해 경찰이 잡아가서 극심한 고통을 자아내는 물고문을 했고, 이 과정에서 기도가 막혀 숨을 쉬지 못하고 죽었어.

1987년 1월, 민주화 투쟁을 하다가 숨져 간 박종철의 영정 사진을 든 학생들.

박종철이 죽은 이후 경찰은 "냉수를 몇 컵 마신 후 심문을 시작, 박종철 군의 친구의 소재를 묻던 중 갑자기 '억' 소리를 지르면서 쓰러져, 중앙대 부속 병원으로 옮겼으나, 12시경 사망하였다."라고 공식 발표를 했어. 하지만 의사가 시신을 부검해 보니, 공식 발표와는 다르게 잔인하게 고문한 흔적이 신체에서 발견되었어.

부검 의사의 증언과 언론의 보도로 여론이 물 끓듯이 끓어올랐어. 당황한 경찰은 핑계만 대다가 사건 발생 5일 만에야 고문으로 사망했다고 발표를 하면서 수사 관계자들을 구속했어. 이 사건은 전두환 정권의 정당성에 막대한 타격을 주었고, 6월 민주 항쟁의 중요한 계기로 작용하여 향후 활화산처럼 타오르는 민주화 운동의 촉매제가 되었어.

이때 당시 민주화 운동의 일관된 목표는 직선제 개헌이었어. 이게 뭐냐고? 독재 정권이 나라를 이끄는 가장 큰 이유는 대통령을 간선제로 선출하기 때문이라고 생각하여 국민의 손으로 직접 투표를 하여 대통령을 뽑을 수 있게 헌법을 개정하자는 운동이었어.

여론이 이 정도로 들끓었으면 정부가 국민들의 의사를 반영하여 직선제 개헌을 하면 되었을 것 아니냐고? 물론 그렇지. 그런데 말이야, 아무리 국민들의 저항 운동이 거세어도 전두환 정부는 개헌을 하지 않으려 했어. 4월에 전두환 대통령이 직접 TV 앞에 나와 헌법 개정을 하지 않겠다는 담화4·13 호헌 조치를 발표했지.

국민들은 더욱 분노했어. 6월로 접어들며 민주화 시위를 주도했던 야당과 민주 헌법 쟁취 국민 운동 본부는 호헌 철폐를 내세우며 전국적인 시위 운동을 본격적으로 벌여 6월 26일을 '국민 평화 대행진의 날'로 선포하고 대규모 거리 행진을 전국 각 지역에서 전개했어. 이때 전국적으로 100만 명 이상의 사람들이 시위에 참여하여 자동차 경적을 울리며 직선제 개헌 운동에 뛰어 들었으니, 그 열기는 가히 상상을 초월할 정도였어.

이한열 장례식 1987년 6월 항쟁 당시 경찰의 최루탄을 맞고 사망한 이한열의 장례식이 시청 광장에서 열렸다.

끝까지 기존 헌법을 고수하려 했던 전두환 정부는 민주화 시위가 자기들 생각보다 훨씬 강도가 높자, 그때서야 꼬리를 내렸어. 6월 29일, 정부는 마침내 여당인 민주정의당의 차기 대통령 후보로 지명된 노태우로 하여금 대통령 직선제 개헌을 골자로 하는 '6·29 민주화 선언'을 발표하게 했어.

6·29 민주화 선언 주요 내용

1. 대통령 직선제 개헌을 통한 1988년 2월 평화적 정권 이양

2. 대통령 선거법 개정을 통한 공정한 경쟁 보장

3. 김대중의 사면 복권과 시국 관련 사범들의 석방

4. 인간 존엄성 존중 및 기본 인권 신장

5. 자유 언론의 창달

6. 지방 자치 및 교육 자치 실시

7. 정당의 건전한 활동 보장

8. 과감한 사회 정화 조치의 단행

6·29 민주화 선언 신문 기사
를 보는 시민들.

이로써 우리나라는 1972년 10월 유신 이후 간선제로 대통령을 뽑았던 데서 벗어나 국민의 손으로 직접 뽑게 되었으며, 1987년에 새 대통령을 뽑는 선거를 하게 되었어. 이때 이후로 지금까지 우리나라는 대통령을 국민 개개인의 투표를 통해 직접 뽑고 있으며, 그 임기는 5년으로 하고 있어.

그런데 말이야, 직선제로 바꾼 새 헌법에 의거하여 실시된 12월 선거에 이변이 발생했어. 당시 여당인 민주정의당의 인기가 워낙 바닥으로 떨어졌기에 대부분의 사람들은 야당에서 대통령이 나올 거라고 믿고 있었어. 하지만 그것은 추측에 불과했어. 여당인 노태우 후보의 대항마로 나온 야당 후보들이 여러 명이었어. 특히 1970년대 이후로 우리나라 민주화를 위하여 지속적으로 힘써 온 김영삼과 김대중이 서로 양보를 요구하며 여론의 눈치를 보다가 결국 둘 다 대통령 선거에 출마해 버렸어. 그 결과가 어찌되었냐고? 뭐 말 안 해도 '뻔할 뻔' 자였어. 야권 후보의 표가 분산되며 어부지리로 여당인 노태우 후보가 대통령에 당선되어 버렸어. 몇 년간에 걸쳐 진행된 민주화 운동의 결과 치고는 참으로 어이없는 일이 발생해 버린 것이지.

물론 민주화의 열기가 전혀 열매를 맺지 못한 것은 아니야. 1988년 4월에 실시된 국회의원 선거에서 야당이 다수 의석을 차지하여 여당인 민주정의당을 기반으로 한 정부의 독주를 막을 수 있어서 민주 정치가 시행되는 계기가 되었어. 그뿐만 아니라 6월 민주 항쟁 이후로 우리 사회는 대체로 민주화의 길을 꾸준히 걸어 오늘날에 이르고 있어.

□ 직접 선거를 실시한 이후의 모습은 어떠한가요?

국민들의 직접 선거로 탄생한 노태우 정부제6공화국는 서울 올림픽 대회 개최와 러시아·중국을 비롯한 사회주의 국가들과 외교 관계를 수립하는 북방 정책을 추진하여 우리나라의 위상을 크게 높였어. 또한 1991년 9월에는 북한과 함께 유엔 동시 가입을 성공시켜 남북 관계 개선의 다리를 놓았어.

1992년 12월에 실시된 대통령 선거에서는 김영삼이 당선되어 우리나라는 5·16 군사 정변 이후 무려 30여 년 만에 군인 출신이 아닌 민간인 대통령을 배출하게 되었어. '문민정부'로 이름 붙여진 김영삼 정부는 깨끗한 정부, 튼튼한 경제, 건강한 사회, 통일된 조국을 목표로 공직자의 재산 등록, 금융 실명제, 지방 자치제를 전면적으로 실시했어. '역사 바로 세우기'를 통하여 5·18 민주화 운동 당시 탄압의 주역이었던 전두환, 노태우 두 전직 대통령을 12·12 사태 및 5·18 민주화 운동과 관련하여 반란 및 내란죄의 혐의로 구속하는 등 과감한 개혁 조처로 국민들의 신뢰를 얻기도 했지. 그러나 집권 말기인 1997년 말에 국제 경제의 여건 악화 속에 외환 부족 사태가 발생하여 국제 통화 기금IMF의 지원을 받는 경제 위기를 맞게 되고 말았어. 이때 우리 국민들은 절망에 빠진 국가 경제를 회복하기 위해 제2의 국채 보상 운동으로 불리는 '금 모으기 운동'에 적극 동참하는 등 한마음,

반란 및 내란 죄 혐의로 법정에 선 노태우(왼쪽), 전두환(오른쪽)

한뜻이 되어 슬기롭게 경제 위기를 극복해 냈어.

1997년 말에 치러진 제15대 대통령 선거에서는 야당인 새정치국민회의의 김대중 후보가 대통령에 당선되었어. 우리나라 헌정 사상 최초로 여·야 정권 교체가 이루어지게 된 거지. '국민의 정부'라 이름 붙인 김대중 정부는 민주주의와 시장 경제의 균형 발전, 국제 통화 기금 관리 체제의 조기 극복을 강조하면서 이의 실현을 위해 노력했어. 정부 조직의 개편과 금융권 및 대기업의 구조 조정을 추진하였으며, 한반도의 평화 정착을 위해 다양하게 노력했어.

2000년 6월에는 김대중 대통령이 평양에 가서 북한의 김정일 국방위원장을 만나 남북 정상 회담을 열었어. 이때 합의한 6·15 남북 공동 선언은 남과 북이 화해와 협력의 새 시대를 여는 출발점이 되었으며, 대립과 갈등의 시대에서 대화와 협력, 평화와 공존의 시대로 나아가는 우리 민족사의 중요한 전환점을 이룬 대 사건이었어.

2002년 제16대 대통령 선거에서는 노무현 후보가 당선되었어. '참여 정부'를 표방한 노무현 정부는 나라를 이끄는 방향을 '국민과 함께 하는 민주주의, 더불어 사는 균형 발전 사회, 평화와 번영의 동북아시아 시대'에 두고 세계 속에 우뚝 선 한국을 만들기 위하여 노력하였지. 하지만 노무현 정부는 개혁 의지와 달리 정부 정책에 찬성하는 국민들과 반대하는 국민들이 눈에 선연하게 보일 정도로 갈려서 대립하며 큰 성과는 거두지 못했어.

2008년 2월에는 이명박을 대통령으로 하는 새 정부가 들어섰어. '이명박 정부'는 나라를 이끄는 5대 지표로 '활기찬 시장 경제, 인재 대국, 글로벌 코리아, 능동적 복지, 섬기는 정부'에 두었어. 하지만 이명박 정부는 너무 성급히 4대강 사업을 추진했고, 무모한 자원 외교로 국부 유출을 심하게 해서 다수의 국민들로부터 비난을 받으며 국론만 분열 시키고 말았어. 또한 국가 안보를 위하여 최선을 다해야 할 국가정보원이 국내 정치에 공공연하게 개입한 사실이 드러나며 지금껏 여론의 몰매를 맞고 있어.

2013년 2월에는 박근혜 정부가 새롭게 들어섰어. 하지만 이 정부는 국민 다수의 의사에 반하는 정책들을 펴다가 '촛불 혁명'의 강력한 저항에 부딪쳤고, 종내는 국회의 탄핵을 받아 임기 도중인 2017년 3월에 대통령이 탄핵당하는 운명에 처하고 말았어.

박근혜 대통령 탄핵을 외치며 시위에 나선 시민들.

그 뒤 우리는 유권자 한 명 한 명이 소중한 한 표를 행사하여 새 대통령으로 문재인을 선출하여 새 정부를 출범시켰어. 당연히 새 정부는 할 일이 많아. 일단 진보와 보수로 극명하게 갈라져 있는 민심을 통합해야 하며, 경쟁이 치열한 세계 경제 속에서 우리 경제가 지속적으로 성장할 수 있는 기반을 마련해 가야 해. 여기에 1970년대 이후로 계속 사회 문제가 되고 있는 빈부 격차와 도시와 농촌의 격차 문제 해소에도 신경을 써야 하고, 2000년대 이후로 심각해지고 있는 청년 실업, 인구 절벽, 세대 간의 갈등 문제도 적절히 개입하여 해소해야 돼. 또한 우리 민족의 영원한 과제인 평화 통일의 진전도 현 정부가 반드시 해결해야 할 핵심 과제야. 아마 이런 문제들이 잘 해결되면 우리는 지금보다 더 성장하여 보다 선진화된 세계 속의 한국으로 우뚝 설 수 있을 거야.

우리 최선을 다해 좋은 나라 대한민국을 만들어 우리 선조들이 근 5천 년의 역사를 이끌어 오며 무궁화 금수강산을 물려준 것처럼, 우리도 민주와 정의가 살아 숨 쉬는 바른 사회를 조성하여 우리 자손들에게 아름다운 한반도를 물려주자고.

역사 돋보기

제1공화국부터 문재인 정부 출범까지

구 분		시 기	대통령
제1공화국	1대 대통령	1948. ~ 1952.	이승만
	2대 대통령	1952. ~ 1956.	이승만
	3대 대통령	1956. ~ 1960. 4.	이승만
제2공화국	4대 대통령	1960. 8. ~ 1962. 3.	윤보선
제3공화국	5대 대통령	1963. 12. ~ 1967. 7.	박정희
	6대 대통령	1967. 7. ~ 1971. 7.	박정희
	7대 대통령	1971. 7. ~ 1972. 12.	박정희
제4공화국	8대 대통령	1972. 12. ~ 1978. 12.	박정희
	9대 대통령	1978. 12. ~ 1979. 10.	박정희
	10대 대통령	1979. 12. ~ 1980. 8.	최규하
제5공화국	11대 대통령	1980. 9. ~ 1981. 2.	전두환
	12대 대통령	1981. 2. ~ 1988. 2.	전두환
제6공화국	13대 대통령	1988. 2. ~ 1993. 2.	노태우
문민 정부	14대 대통령	1993. 2. ~ 1998. 2.	김영삼
국민의 정부	15대 대통령	1998. 2. ~ 2003. 2.	김대중
참여 정부	16대 대통령	2003. 2. ~ 2008. 2.	노무현
이명박 정부	17대 대통령	2008. 2. ~ 2013. 2.	이명박
박근혜 정부	18대 대통령	2013. 2. ~ 2017. 3.	박근혜
문재인 정부	19대 대통령	2017. 5. ~	문재인

주요 특징

국회에서 대통령 선출. 임기 4년.

강압적인 발췌 개헌으로 헌법을 개정하여 대통령을 직선제 선출로 바꾸어 대통령에 당선. 임기 4년.

당시 법(대통령 4년 중임)으로는 대통령이 될 수 없었으나 헌법을 억지로 개정(4사 5입 개헌)하여 대통령에 당선, 임기 4년. 4·19 혁명으로 대통령직에서 물러남.

제2공화국은 내각 책임제였으므로 총리였던 장면에게 실권이 있었기에 실질적 권한은 없는 대통령이었음. 5·16 군사 정변으로 중도 퇴임함.

5·16 군사 정변으로 실권을 장악하여, 대통령 직무 대행으로 있다가 공화당의 후보로 대통령 선거에 나와 대통령에 선출됨. 임기 4년.

정상적으로 임기 수행. 임기 4년.

당시 법(대통령 4년 중임)으로는 대통령에 출마할 수 없었으나, 헌법을 억지로 개정(3선 개헌)한 후에 선거를 통해 대통령에 당선. 임기 4년이었으나 10월 유신으로 단축됨.

유신 헌법에 입각하여 통일 주체 국민 회의의 대의원들이 대통령을 선출(간선제). 임기 6년.

통일 주체 국민 회의에서 선출(간선제). 임기 6년. 10·26 사태로 사망.

대통령의 사망으로 국무 총리가 남은 임기를 물려받음. 그러나 전두환 세력의 강압에 의해 중도 퇴임함.

강압적으로 최규하 대통령을 퇴임시킨 후에 취임.

헌법을 고쳐 대통령 선거인단에 의해 간접 선거로 대통령 당선. 임기 7년.

6월 민주 항쟁으로 대통령 직선제로 헌법을 고친 후에 대통령 당선. 임기 5년.

최초의 민간인 대통령. IMF 사태를 맞음. 임기 5년.

최초의 여·야 정권 교체 속에 대통령 당선. 제1차 남북 정상 회담 개최. 6·15 남북 공동 성명 발표. 임기 5년.

제2차 남북 정상 회담 개최. 한·미 FTA 타결. 임기 5년.

4대강 정비 사업. 이는 공보다 과가 많은 사업으로 드러나고 있으나 완전한 평가에 시간이 더 필요함. 임기 5년.

행복한 국민, 행복한 한반도, 신뢰받는 모범 국가를 국정 철학으로 출범했으나 실제로는 정반대의 행태를 걷다가 국회의 탄핵을 받아 임기 도중에 불명예 퇴진했음. 임기 5년(4년 만에 퇴진).

사회 각 분야의 적폐 청산에 주력. 임기 5년.

23

평화 통일을 위하여
무엇을 해야 하나?

□ 남과 북의 문은 왜 꼭 닫혔나요? □ 남과 북의 문, 어떻게 열어 왔나요?
□ 정부에서는 통일을 위해 어떤 노력을 했나요?

□ 남과 북의 문은 왜 꼭 닫혔나요?

6·25 전쟁이라는 동족상잔의 비극을 겪은 후에 남과 북은 상대방의 존재를 인정하지 않고 서로를 불신하면서 적대 관계를 형성해 왔어. 이승만 정권과 박정희 정부는 반공을 국시로 삼아 평화 통일론을 억압하면서 정권 유지와 독재 체제를 강화했지. 북한 또한 마찬가지였어. 김일성은 주민들의 생활보다 적화 통일을 위한 군사력 증강을 우선시했고, 주한 미군 철수와 국가 보안법 철폐를 주장하면서 남한과 적대 관계를 조장했어.

그러나 1970년대로 접어들면서 국제 관계의 변화 속에 남과 북도 조금씩 변하기 시작했어. 자유주의 진영과 공산주의 진영으로 나뉘어 서로를 불신하던 냉전 체제가 1970년에 들어서면서 해빙기를 맞았어. 미국이 공산주의 진영의 한 축이었던 중국과 관계를 개선하였으며, 일본도 중국과 국교를 정상화해 나갔어. 이러한 세계정세 속에서 남과 북도 서서히 서로를 대화의 상대로 인식하고 문을 열기 시작했어.

□ 남과 북의 문, 어떻게 열어 왔나요?

우리 정부는 1970년 8월 15일에 북한에 대해 선의의 경쟁을 제안하며 북한을 대화와 협상의 상대로 인정하기 시작했어. 1971년 8월에는 대한적십자사가 북한에 1천만 이산가족을 찾기 위한 남북 적십자 회담을 제의하였으며, 북한적십자사는 이 제의에 화답하여 회담을 열었어.

1972년 7월 4일에는 남북 당국이 자주·평화·민족 대단결의 3대 통일 원칙을 담은 '7·4 남북 공동 성명'을 발표하여 우리 국민들에게 통일이 꿈이 아닌 현실이 될 수도 있음을 인식하게 해 주었어. 그러나 남북 당국은 7·4 남북 공동 성명을 입맛에 맞게 재가공하여 자신들의 정권을 강화하는 데만 이용하여 국민들을 우롱했지. 남한 당국은 막강한 권력을 가진 김일성을 상대로 통일을 달성하기 위해서는 대통령의 권한을 강화해야 한다면서 10월 유신을 단행하여 독재의 길로 들어섰고, 북한에서는 사회주의 헌법을 통하여 김일성 독재 체제를 한층 강고하게 만들었어.

1973년에는 북한에게 남북한 유엔 동시 가입과 호혜 평등의 원칙 하에 모든 국가에 대한 문호 개방을 제시하는 6·23 평화 통일을 선언했어. 허나 남쪽의 제의에 북한은 남북을 두 개의 국가로 인정하는 남한 정부의 6·23 선언은 7·4 남북 공동 성명에서 합의한 통일 원칙에 위배된다고 주장하면서 남북 대화의 중단을 선언하여 제안 자체를 무색하게 만들어 버렸어.

1974년에는 박정희 대통령이 남북 상호 불가침 협정 체결을 제안하였으며, 1982년 전두환 정부는 민족 통일 협의회 구성, 남·북에 걸쳐 민주 방식에 의한 자유로운 국민

7·4 남북 공동 성명을 발표하는 당시 중앙정보부장 이후락

투표로 통일 헌법 확정, 헌법에 의거한 남북한 총선거 실시를 뼈대로 하는 민족 화합, 민주 통일 방안을 제시하기도 했어.

□ 정부에서는 통일을 위해 어떤 노력을 했나요?

1984년 북한에 큰 홍수가 나서 수재민이 많이 생겼을 때, 우리 정부는 신속히 구호물자를 제공하여 남북 분단 이후 최초로 대규모 물자 교류가 이루어졌어. 그리고 이 사건을 계기로 답보 상태에 빠져 있던 남북 대화도 활기를 띠게 되었지. 남북 경제 회담, 적십자 회담, 국회 회담, 체육 회담이 연이어 열렸으며, 1985년에는 남북 이산가족의 고향 방문 및 예술 공연단의 교환 방문이 이루어졌어.

이처럼 확대된 교류의 폭은 스포츠 분야에서도 이루어졌어. 탁구와 축구에서 단일팀을 구성하여 국제 대회에 참가, 좋은 성과를 거두기도 했으며 서울과 평양에서 통일 축구 대회를 열기도 했어. 그리고 이러한 성과를 바탕으로 1991년에는 남북한이 유엔에 동시 가입하여 국제 사회에 남북한이 적대 관계에서 벗어나 동반자 관계로 발전하고 있음을 보여 주었어. 여기에 남북 사이의 화해와 불가침 및 교류 협력에 대한 합의서남북 기본 합의서를 채택하였으며, 이외에도 북한과 함께 한반도 비핵화에 관한 공동 선언을 발표하여 남과 북이 민족 자결의 원칙 속에서 평화 통일에 한 걸음 한 걸음 다가서고 있음을 확인시켜 주었어.

남북 양국의 이러한 노력은 김영삼 정부 시절에도 변함없이 이어졌어. 김영삼 정부는 집권 초기에 우방보다는 민족이 중요하다고 언급하면서 비전향 장기수인 이인모 노인을 아무 조건 없이 북한에 보내는 인도적 조치를 취했고 남북 정상 회담을 적극적으로 추진하기도 했어. 또한 양국이 화해와 협력을 먼저 하고 분위기가 무르익으면 남북 연합을 구성한 후에 궁극적으로는 통일 국가로 간다는 3단계 통일 방안을

제시하여 평화 통일에 대한 구체적인 일
정표를 작성하기도 했어. 그리고 북한이
경제적으로 어려움에 처하자, 인도적인 차
원에서 북한에 식량과 비료를 지원해 주
기도 했어.

1998년에 출범한 김대중 정부는 평화
와 화해·협력을 통한 남북 관계 개선을 대
북 정책의 목표로 삼고, 평화를 파괴하는
일체의 무력 도발을 허용하지 않고 우리
측이 일방적으로 주도하는 흡수 통일을
배제하며, 화해·협력을 적극적으로 추진
한다는 대북 정책 3원칙을 바탕으로 적극
적인 대북 교류 정책을 추진하였어^{햇볕정책}.
그 결과 금강산 관광의 길이 열렸으며, 남
북 간에 인적·물적 교류가 크게 늘어났지.

평양에서 만난 남북 지도자 김
대중(왼쪽)과 김정일(오른쪽)

2000년 6월에는 분단 이후 처음으로 남북의 최고 책임자가 평양에
서 극적으로 만나 우리 민족의 통일 문제는 자주적으로 해결하자는 취
지의 '6·15 남북 공동 선언'을 발표함으로써 우리 민족은 냉전 체제에
서 탈피하여 평화 통일의 장으로 힘찬 첫걸음을 내디딜 수 있었어.

2007년에는 경의선과 동해선 두 개의 철로가 휴전선을 뚫고 남과
북을 연결하여 시험 운전까지 마쳤어. 이 철길이 있기에 지금 현재도
남과 북이 협의만 한다면 우리는 기차를 타고 압록강 철교를 건너 중
국 대륙까지 논스톱으로 달릴 수 있어. 또한 두만강 하류를 관통하여
러시아로 들어가 시베리아 횡단 열차를 타고 자작나무 숲을 바라보며
유럽을 내 집 마당처럼 드나들 수도 있어.

2007년 10월에는 노무현 대통령이 김대중 대통령에 이어 다시 한번

휴전선을 걸어서 넘는 노무현

북한을 방문하여 우의를 다지고 왔어. 통일이 한층 가까워진 거지.

하지만 안타깝게도 노무현 정권 이후로 북측은 물론이고 우리 정부도 통일에 대해 미온적 태도로 임하고 있어. 생각해 보면, 통일만큼 우리 민족에게 필요한 과제는 없어. 누가 뭐라고 말해도 통일이 우리 민족에게는 가장 큰 숙제야.

우리 민족의 통일 시대는 남과 북 모두가 서로를 믿고 이해하며 상대를 인정해 줄 때 한층 더 빨리 다가오겠지?

평화 통일!

지금과 같은 남과 북의 현실에서는 힘든 일이겠지. 하지만 말이야, 힘들다고 해서 결코 포기할 수는 없어. 약육강식이 날로 심화되는 세계 정세 속에서 남과 북이 하나됨은 우리 민족이 어깨 펴고 당당하게 선진국 대열에 나설 선결 과제야. 우리, 우리 민족의 밝은 미래상을 위해서라도 통일 조국을 위하여 조금씩만 더 노력하자.

6·15 남북 공동 선언

2000년 6월 김대중 대통령이 평양을 방문했을 때 당시 김정일 국방위원장과 만나 합의하고 남북한이 공동으로 선언문을 발표했다. 그 내용은 아래와 같다.

조국의 평화적 통일을 염원하는 온 겨레의 숭고한 뜻에 따라 대한민국 김대중 대통령과 조선 민주주의 인민 공화국 김정일 국방 위원장은 2000년 6월 13일부터 6월 15일까지 평양에서 역사적인 상봉을 하였으며 정상 회담을 가졌다.

남북 정상들은 분단 역사상 처음으로 열린 이번 상봉과 회담이 서로 이해를 증진시키고 남북 관계를 발전시키며 평화 통일을 실현하는데 중대한 의의를 가진다고 평가하고 다음과 같이 선언한다.

1. 남과 북은 나라의 통일 문제를 그 주인인 우리 민족끼리 서로 힘을 합쳐 자주적으로 해결해 나가기로 하였다.

2. 남과 북은 나라의 통일을 위한 남측의 연합제 안과 북측의 낮은 단계의 연방제 안이 서로 공통성이 있다고 인정하고 앞으로 이 방향에서 통일을 지향시켜 나가기로 하였다.

3. 남과 북은 올해 8.15에 즈음하여 흩어진 가족, 친척 방문단을 교환하며, 비전향 장기수 문제를 해결하는 등 인도적 문제를 조속히 풀어 나가기로 하였다.

4. 남과 북은 경제 협력을 통하여 민족 경제를 균형적으로 발전시키고, 사회, 문화, 체육, 보건, 환경 등 제반 분야의 협력과 교류를 활성화하여 서로의 신뢰를 다져 나가기로 하였다.

5. 남과 북은 이상과 같은 합의 사항을 조속히 실천에 옮기기 위하여 빠른 시일 안에 당국 사이의 대화를 개최하기로 하였다.

김대중 대통령은 김정일 국방 위원장이 서울을 방문하도록 정중히 초청하였으며, 김정일 국방 위원장은 앞으로 적절한 시기에 서울을 방문하기로 하였다.

2000년 6월 15일

대 한 민 국 대 통 령　　　　조선민주주의인민공화국국방위원장

김 대 중　　　　　　　　　　김 정 일

역사를 위한 변명

-역사 공부가 필요한 이유

2017. 3. 10. AM 11:21

단순한 숫자의 나열이 아님은 어느 누가 봐도 '한눈에 척'이지.

그렇지 않다고? 뭔지 모르겠다고?

박근혜 대통령이 헌법재판소 재판관들로부터 "대통령 법 위배 행위, 파면 필요할 정도로 중대"하다라는 취지의 판결을 받고 대통령 자리에서 파면된 날이야. 아마 이날은 1919년 3월 1일삼일 만세 시위 운동, 1945년 8월 15일조국 광복, 1980년 5월 18일5·18 민주화 운동만큼이나 우리 역사 속에서 비중 있게 다뤄질 거야.

왜 그러냐고? 그건 뭐 내가 굳이 설명하지 않아도 인간으로서 정상적인 사고를 한다면, 누구나 추론이 가능하잖아. 특히 이 책을 지금까지 탐독한 역사를 사랑하고 좋아하는 젊은 청춘은 더더욱.

사실 이 책은 기 발행된 『한국사 카페』의 개정판으로 2015년 겨울에 발간될 예정이었어. 그런데 왜 이제 와서야 늦깎이로 발간하느냐고? 책 만들기를 본격적으로 하려는데 이게 웬걸! 우리나라 교육 정책을 주관하는 교육부의 역사 교육에 대한 정책이 역사 교육자들의 일반적인 견해와는 다른 방향으로 자꾸 진행되는 거야. 뜬금없이 뭔 얘기냐고? 한국사 국정화 교과서 문제가 첨예한 사회 문제로 이슈화되며 내 심기를 불편하게 했어. 역사 전공자로서 그때 생각은

'이건 아니다'였어. 그래서 활자화하는 작업을 포기하고 원고를 일단 묵혀 놓았어. 왜냐고? 중·고등학교 역사 교과서가 국정 체제로 정말 발행된다면, 그에 보조를 맞추어 이 책을 발간하여 '살아 숨 쉬는 역사란 전체주의의 시각으로 단 하나의 관점에서 서술되면 아니 된다는 것', 즉 '다양한 해석이 역사책의 생명줄'임을 우리 민족의 미래를 짊어진 청소년 독자들에게 알려 줄 요량이었지.

뭐, 내가 이렇게 거창하게 말하면, "장콩 선생 당신은 어느 편이요?"하고 묻는 사람이 있을지도 몰라. 지금 지구촌은 곳곳에서 빈부 격차의 심화 속에 이념 논쟁이 치열하게 전개되고 있어. 2016년에서 2017년으로 넘어오는 겨울의 서울 광화문 거리만 조망하면 우리나라만 그러한 것 같지만, 눈을 세계로 돌려 살펴보면 '자유'를 핵심 가치로 지향하는 프랑스, 네덜란드는 물론이려니와 나치가 탄생하여 극심한 혼란을 겪었던 독일, 심지어 세계 최강대국 행세를 하는 미국마저도 좌와 우로 사람들이 줄서기를 하며 '너는 어느 편이냐?'는 극단적인 이념 논쟁을 벌이고 있어.

이런 세상에서는 대체적으로 생각이 다른 사람의 견해차를 인정하고 관용하며 포용하기보다는 적으로 규정하여 쉽게 편을 가르는 경향이 있어. 허나 '너의 성향은 어떠하냐?'라는 질문에 나는 답을 하기가 무척 애매해. 왜냐고? 사안 사안에 따라 가치관이 달라지는 것 같거든. 어떤 사안에서는 진보적 가치관에 손이 들어지고, 또 다른 사안에서는 보수적 가치관이 작동하기도 해.

진보와 보수 사이에서 사회 전체가 휩쓸려 갈 때, 내 자신의 내면에게 '너는 어느 편인가?'라고 스스로 물어봤어. 딱히 해답을 찾을 수 없더라고. 나는 내 삶의 지향점을 '시장 자유 경제'와 '평등'에 두고 사는 경우가 많은데, 이것부터가 조금은 모순이야. 왜냐하면 '시장 자유 경제'는 보수를 지향하는 관점을 가진 사고이고, '평등'은 진보적 사고를 지향하는 관점이 담겨 있거든. 실제 삶도 그래. 예를 들어 재벌 문제에 대해서는 진보적 입장에서 지극히 비판적이야. 하지만 안보 문제는 온건 보수주의자의 주장에 동조하는 편이야. 이런 나이기에 나에게 너는 누구편이냐고 물으면 그저 웃어 줄 수밖에 없어. 정 다그치면, "중간에서 사안에 따라 이쪽 저쪽 왔다 갔다 합니다." 정도로 얼버무릴 수밖에 없고.

따라서 이 책을 독파한 네가 박근혜 정부의 교육 정책에 비판적인 장콩이 쓴 책이라고 해서 이 책을 진보적 역사관에 의해서 서술한 책으로 단정해서는 안 돼. 네가 읽은 이 책은 그저 교육부로부터 검인정을 받은 여러 종류의 중학교 역사 교과서 속의 내용을 풍성하게 살을 붙여 쉽게 이해하도록 서술해 놨을 뿐이니까. 즉 요즘 세상 사람들이 말하는 '진보냐? 보수냐?'의 관점에서 접근한 역사책이 아니란 거지.

왜 이런 이야기를 구구절절 미주알고주알 하고 있냐고? 이유는 단 하나야. 지금부터 한국사 국정화 문제를 비판하면서 역사 공부 어떻게 해야 하는지를 짚어 보려고 하기 때문이야.

박근혜 정부가 들어선 이후에 우리 정부는 유독 역사 교과서를 정권의 입맛에 맞게 개편하려고 무리수를 두어가며 한국사 교과서의 국정화를 서둘렀어. 역사를 하는 사람으로서 한국사 국정화 문제는 용납하기가 정말 힘들었어. 또 정부 생각대로 될 가능성도 희박하다고 봤어. 정말 그리 봤냐고? 정말로 그랬어. 자신할 수 있냐고? 그럼.

다음은 한국사 교과서의 국정화 문제가 대두되기 시작하던 2015년 10월 하순에 내가 운영하는 블로그 '장콩선생의 삶과 꿈(http://jangkong2.blog.me)'에 올려놓은 글 중 일부야. 대구에서 열린 대한사립중고등학교장회 정기총회에 참석했을 때, 정부의 역사 교과서 국정화 방침을 적극 지지한다는 결의문 내용 때문에 밤새 고민한 흔적이지.

… 학교에서 30여 년을 교육하며 제자들에게, '지혜로워라, 정의로워

라, 바른 길을 걸어라'를 입에 침이 마르도록 강조했는데, 이게 지혜롭습니까? 이게 정의롭습니까? 이게 바른 길입니까? 저는 그렇지 않다고 생각합니다. 또한 지금까지 교사의 '일과 중 정치적 중립성'을 강조하며 선생님들이 일과 중에 움직이려 하면, 이를 허락하지 않았는데, 교장인 내가 주중에 출장을 나와서 정치적 중립을 위반하는 결의문에 동참하면 어떻게 학교 선생님들을 볼 수 있겠습니까? 한국사 교과서 국정 전환 지지 내용은 결의문 안에서 빼고 순수하게 사학 발전만을 내용으로 한 결의문을 발표하고 정 그게(한국사 국정화 결의) 필요하다고 집행부에서 판단한다면 로비에 서명대를 만들어 희망자만 서명하여 발표하는 게 타당하다고 생각합니다. 저는 전남 함평고 장용준입니다. 현 상태대로 결의문을 언론에 발표하려면, 반드시 저는 반대했다는 것을 확실하게 명기해서 발표해 주십시오. 부탁드립니다.

그런 직후, 회의장을 혼자 뚜벅뚜벅 걸어 빠져 나왔다. 그냥 자리보전하며 끝까지 지켜볼까도 생각했지만, 역사는 기록에서 시작하여 기록으로 끝나고, 그 기록이 '사료'란 이름으로 후대에 전해져서 역사 서술의 바탕이 된다. 나는 반대했다는 기록이 없으면 이미 참석한 회의이기에 나까지 도매금으로 회의 참석자로 기록될 가능성이 조금이라도 있고, 나는 반대한다는 의사표시를 확연하게 해 놓지 않으면 찬성 물결에 휩쓸려 버릴 가능성이 아주아주 조금이라도 있을 것이므로 이를 사전에 차단하기 위해 내 이름 석 자를 명확히 밝히고 회의장도 빠져나왔다. 역사 공부를 하면 할수록, 특히 인물사 공부를 하면 할수록 역사의 냉정함과 준엄함을 깊이 인식하게 되며 처신의 중대성을 느끼게 된다. 나는 역사를 하는 사람이지만, 솔직히 한국사 교과서의 국정화가 우리나라 미래 삶에 어떤 영향을 끼칠지 잘 모르겠다. 다만, 국정화를 밀어붙이는 사람들의 생각처럼은 되지 않을 거란 생각은 든다. 만약 그들의 생각처럼 될 것 같으면, 현재 그들이 말하는 좌익에 물든 역사 전공자들은 전혀 없어야 된다. 아니, 40대 이상의 국민 전체가 반공으로 똘똘 뭉쳐 있어야 된다. 그렇지 않은가? 우선 나부터도 국민교육헌장 열심히 외우고 70년대 반공 기조의 역사 교과서로 오지게도 재밌게 공부했다. 현재 좌익으로 매도당하는 역사 전공자 대다수 역시 국정으로 만들어진 역사 교과서로 공부한 사람들이다.

반공을 강조한 국정 역사 교과서로 열심히 공부했기에 대학도 역사 전공 학과를 택할 수 있었고 역사로 밥 먹고 살 수 있었다. 그런 사람들이 왜 좌익으로 한꺼번에 매도당해야 하나?(물론 좌익이 나쁜 용어는 아니다. 다만 남과 북이 대치한 특수 환경인 우리나라에서 좌익은 곧 공산당으로 매도되기에 현재 우익이라 자처하는 한국사 국정화 주도 세력이 자기들의 논리를 정당화할 요량으로 반대하는 사람 모두를 좌익이라 매도해 버리면, 민주주의와 자본주의를 신봉하는 선량한 대한민국 국민도 곧바로 공산주의자가 되어 버릴 가능성이 농후하다.) …

세상을 살다 보면, 궁극의 궁지에 몰려 절박한 심정에서 선택하고 결정해야 하는 경우가 어느 누구나에게 더러는 생겨. 이러한 때에 상황 논리에 눌려 자기 처신을 함부로 해 버리면 때에 따라 의도하지 않았더라도 하늘 보기 힘든 일이 간혹 생겨. 심할 때는 자손 대대로 수치심이 들게 하기도 하고. 역사가 내리는 정의의 심판이지.

친일파라고 매도되는 사람들이 역사의 무서움을 알았다면 살아생전 친일 행위를 일체 하지 않았을 거야. 하지만 그들은 일제 강점기가 계속될 줄 알고 그저 자기 삶의 편안함을 보장받고 부귀영화를 누리려는 욕심 때문에 언젠가는 찾아올 역사의 심판을 애써 외면하며 조선총독부 정책에 자진하여 협조했어. 하지만 일본의 식민지가 된 지 40년도 채 되지 않아 우리 민족은 독립을 쟁취하며 조국 광복 이후 70여 년이 지난 지금 현재까지도 끈질긴 추적 속에 친일 세력을 역사 재판정에 세워 민족 전체의 이름으로 단죄하고 있어. 역사를 두려워하고 무서워하며 바른 길만 걸으며 조신하게 살아야 할 이유지.

당시에 "비판 의식이 담겨 있지 않은 교육은 '죽은 역사 교육'"(2015년 11월 3일 『전남일보』)이라는 인터뷰도 해서 신문 한 면 전체에 실리기도 했어. 내가 딱히 정의감이 강해서 이런 인터뷰를 했을까? 그건 아니야. 나 또한 월급 받아 삶을 꾸려나가는 생활인이기에 정부 정책에 반하는 이런 행동을 할 때는 이것저것 잴 수밖에 없어. 그럼에도 불구하고 한국사 국정화 논쟁에서 '나는 아니다'라고 단호하게 말할 수 있었던 배경에는 너와 같은 역사를 좋아하는 청소년들을 올바르게 성장시켜야 하고 삶의 지향점이 되어야 할 '역사 선생'이 나의 직업이기 때문이었어.

역사책이 옛날이야기만 주야장천 써 놓아서 몇 줄만 읽어도 하품만 나오는 고리타분한 책 같지만, 사실 역사책만큼 우리 삶을 정의롭고 가치 있게 만드는 데 일조하는 책은 세상에 없어. 그래서 옛사람들은 문·사·철의 공부를 강조하며 삶의 성찰 도구로 삼았지. 문·사·철이 뭐냐고? 문학과 역사와 철학을 아우른 말이야. 문학·철학과 함께 역사가 지식인의 바람직한 삶을 가꾸는 기본 토양이란 말씀이지.

역사를 공부하는 목적을 흔히들 '과거 사람들의 다양한 삶 속에서 우리의 현재를 인식하고 미래 삶의 지향점을 찾기 위해서'라고 해. 그저 그런 말 같지만, 정말 그래. IMF 사태가 벌어졌을 때, 우리 역사를 깊게 이해한 몇몇 사람들은 번뜩 일제 강점기 시절의 국채 보상 운동을 떠올리며 제2의 국채 보상 운동을 주장하여 국민 전체가 금 모으기 운동에 나서게 했어. 그러면서 국난 극복의 힘을 얻어 갔고. 이 사례만 보아도 역사가 가진 힘을 알 수 있지.

인간은 기본적으로 경험의 동물이기에, 과거 속에서 본인 혹은 사회의 바른 앞날을 지향해 갈 사안들을 적절히 찾아 적용해 가며 지혜롭게 세상사를 풀어 나가고는 해. 이러한 때에 심도 깊게 혹은 슬기롭게 적절한 사례들을 찾아 적용하기 위해서 역사 공부가 필요한 거야.

이 땅에 다시는 박근혜 전임 대통령과 같은 사람이 나와서는 아니 되겠지? 또한 이 책을 읽은 젊은 네가 그런 사람으로 성장해서도 아니 되겠지. 역사를 전공한 장콩 선생은 진심으로 원해. 우리 땅의 미래를 책임진 청소년들이 이 책을 통해 우리 역사와 전통, 문화를 진정으로 사랑하며 '정의'와 '진리'를 지향하는 참 사람으로 성장해 나가기를.

다음 사진 속의 경구는 광주에 있는 5·18 교육관의 현관 내벽에 장식된 문장이야.

"기억하지 않는 역사는 되풀이 된다!"

정말이야. 기억하지 않는 역사는 되풀이될 뿐이야. 과거의 일이라고 단순하게 치부하지 말고 잘못된 역사적 사건은 다시는 그런 일이 발생하지 않도록 경계하고 또 경계하며 살아가야 하고, 본받아 할 역사는 최대한 본받아 가면서 살아야 역사 공부를 제대로 한 실천적인 인간이야. 우리 모두 그런 인간이 되었으면 좋겠어.

물론 나는 알고 있다.

오직 운이 좋았던 덕택에
나는 그 많은 친구들보다 오래 살아남았다.

그러나 지난 밤 꿈속에서
이 친구들이 나에 대하여 이야기하는 소리가 들려왔다.

"강한 자는 살아남는다."

그러자 나는 자신이 미워졌다.

독일의 극작가이자 시인인 베르톨트 브레히트(Berthold Brecht, 1898~1956)의 「살아남은 자의 슬픔」이라는 시야. 작가는 1933년 독일에 나치 정권이 수립되자 망명을 떠나 세계 각지를 떠돌며 나치즘을 비판하는 작품 활동을 지속했어. 그런 작가가 망명지에서 나치즘이 마지막 기승을 부리던 1944년에 나치의 횡포에 의해 죽어 간 친구들을 그리며 자신의 처지를 고해한 시야.

베르톨트 브레히트의 좌우명은 "진리는 구체적이다."였어. 정말 그런 것 같아. 진리는 이론이나 허상이 아닌 구체적일 때, 사회는 인류 전체가 공존 공영하는 쪽으로 발전하는 것 같아. 우리 모두가 이 작가처럼 의미심장한 시를 써서 사람들의 마음을 움직일 수는 없어. 하지만 자기 본인의 의지를 굳게 다져 스스로를 공동체의 올바른 성장에 밑거름이 되게 할 수는 있을 거야. 우리 '역사'란 불쏘시개를 잘 다루고 제대로 공부해서 꼭 우리 사회가 바르고 맑은 정의로운 사회가 되는데 주춧돌이 되자고. 그래서 소수 몇 사람이 아닌, 우리 민족 모두가 함께 어깨 걸고 어울렁더울렁 잘 먹고 잘 사는 활기찬 사회를 반드시 만들어 내자고.

한국사 연표

기원전	46억 년 전	지구가 탄생하다.
	390만 년 전	인간이 지구상에 등장하다.
	70만 년 전	한반도에 인간이 출현하다. 구석기 시대가 시작되다.
	1만 년 전	신석기 시대로 들어서다.
	2333	단군, 조선을 세우다.
	2000~1500	한반도에 청동기 시대가 시작되다.
	5세기	철기가 보급되기 시작하다.
	194	위만이 고조선의 왕이 되다.
	109	중국의 한나라가 고조선 땅을 침범해 오다.
	108	고조선, 한나라에 의해 멸망하다.
기원후	2세기 전반	고구려, 태조왕 때 중앙 집권 국가로 발전하다.
	3세기 중엽	백제, 고이왕 때 중앙 집권 국가로 성장하다.
	4세기 후반	백제, 근초고왕 때 중국의 랴오시, 산둥 지방과 일본에 세력권을 형성하다.
		신라, 내물 마립간에 의해 중앙 집권 국가로 변신하다.
		가야, 신라와 맞설 정도로 성장하다.
	5세기	고구려, 광개토 대왕과 장수왕 시대에 전성기를 구가하다.
	433	신라, 고구려의 남하에 대비하기 위하여 백제와 동맹을 체결하다.
		(나·제 동맹)
500~600	6세기	신라, 지증왕, 법흥왕, 진흥왕을 거치며 전성기를 구가하다.
	532	법흥왕에 의해 금관가야가 멸망하다.
	562	진흥왕에 의해 대가야마저 멸망하다.
	598	고구려, 침입해 온 수 문제의 30만 대군을 물리치다.
	612	고구려의 을지문덕이 살수에서 수의 대군을 섬멸하다.
	645	고구려, 당의 침입을 안시성에서 효과적으로 막다.
	660	백제, 나·당 연합군에 의해 멸망하다.
	668	고구려, 나·당 연합군에 의해 멸망하다.
	676	신라, 당과의 전쟁에서 승리하여 삼국 통일을 이루다.
	685	신라, 전국을 9주 5소경으로 편성하다.
	698	고구려 사람 대조영이 발해를 세우다.

732	발해 장군 장문휴가 당나라의 산둥 지역을 공격하다.
751	불국사와 석굴암을 짓다.
780	신라, 중대가 끝나고 하대가 시작되다.
788	신라, 독서삼품과를 설치하다.
9세기	발해, 중국에서 '해동성국'이라 불릴 정도로 발전하다.
828	장보고, 청해진을 설치하다.
926	거란에 의해 발해가 멸망하다.
900	견훤이 후백제를 세우다.
901	궁예가 후고구려(태봉)을 세우다.
918	왕건이 궁예를 쫓아내고 호족들의 지지 속에 고려를 세우다.
935	신라가 고려에 병합되다.
936	고려가 후백제를 멸망시키고 한반도 유일의 통일 국가가 되다.
949	광종이 즉위하여 왕권 강화를 시도하다.
981	성종이 즉위하여 나라의 기틀을 확립하다.
993	거란이 고려로 쳐들어왔으나, 서희의 외교술로 강동 6주를 얻다.
1019	거란이 세 번째로 쳐들어왔으나, 강감찬 장군이 박살내다.(귀주대첩)
1107	윤관이 별무반을 만들어 여진족을 토벌, 동북 9성을 쌓다.
1126	문벌 귀족 이자겸이 왕이 되고자 난을 일으켰으나 실패하다.
1135	묘청이 서경 천도 운동을 일으켰으나 실패하다.
1176	신분 해방을 목표로 공주 명학소에서 망이·망소이가 난을 일으키다.
1196	최충헌이 정권을 잡아 이후 60여 년간 최씨가 계속 집권하다.
1198	개경에서 만적이 난을 일으키다.
1231	몽골의 침입으로 이후 40년간 전쟁을 치르다.
1270	무신 정권이 붕괴되며, 몽골에 항복하다. 이후 80년간 원나라의 속국으로 살아가다.
1351	공민왕이 즉위하여 반원 자주 개혁 정치를 추진하다.
1388	이성계가 위화도에서 군사를 되돌리다.
1392	고려가 멸망하다. 이성계가 왕이 되어 새 나라 조선을 만들다.
1398	제1차 왕자의 난이 일어나다. 태조가 아들 방과(정종)에게 왕위를 물려주다.
1400	제2차 왕자의 난이 일어나다. 정종이 동생 방원(태종)에게 왕위를 물려주다.
1446	세종, 훈민정음을 반포하다.
1455	수양대군(세조)이 왕이 되어 왕권을 강화하다.
1469	성종이 즉위하여 국가의 기틀을 확립하다.

700 ~ 900

1000 ~ 1200

1300 ~ 1400

1498	무오사화가 일어나다.
1504	갑자사화가 일어나다.
1506	연산군이 쫓겨나고 중종이 왕이 되다.(중종반정)
1519	기묘사화가 일어나다.
1545	을사사화가 일어나다.
1500 1589	붕당 정치가 시작되다.
1592	왜군이 조선을 쳐들어오다.(임진왜란)
1593	수세에 몰린 일본이 명에 휴전을 제의하다.
1597	왜군과 다시 전쟁을 시작하다.(정유재란)
1598	왜군의 철수로 왜란이 끝나다.
1610	허준, 『동의보감』을 완성하다.
1623	인조반정이 일어나 광해군이 쫓겨나다.
1600 1627	정묘호란이 일어나다.
1636	병자호란이 일어나다.
1654	나선(러시아)을 정벌하다.
1708	전국적으로 대동법이 시행되다.
1725	영조, 탕평책을 실시하다.
1700 1750	균역법을 실시하다.
1776	정조, 규장각을 설치하다.
1784	이승훈, 천주교를 전파하다.
1801	천주교에 대한 대대적인 탄압이 이루어지다.(신유박해)
1805	안동 김씨의 세도 정치가 시작되다.(~1863)
1811	홍경래 등이 이끄는 평안도 농민 전쟁이 일어나다.(~1812)
1860	최제우, 동학을 창시하다.
1861	김정호, 대동여지도를 만들다.
1862	임술 농민 봉기가 일어나다.
1800 1863	흥선 대원군이 집권을 시작하다.
1866	제너럴 셔먼호 사건이 발생하다. 병인양요가 발발하다.
1868	오페르트의 도굴 사건이 일어나다.
1871	신미양요가 발발하다. 척화비를 건립하다.
1873	흥선 대원군이 하야하다.
1875	운요호 사건이 일어나다.

	1876	일본과 강화도 조약을 체결하다. 1차 수신사 파견이 이루어지다.
	1880	2차 수신사 파견이 이루어지다. 통리기무아문과 12사가 설치되다.
	1881	조사 시찰단을 파견하다. 별기군을 창설하다. 영선사를 파견하다.
	1882	조·미 수호 통상 조약을 체결하다. 임오군란이 일어나다. 제물포 조약을 체결하다.
	1883	기기창, 박문국, 전환국을 설립하다.
	1884	갑신정변이 일어나다.
1800	1885	한성 조약을 체결하다. 영국, 거문도를 불법 점령하다.
	1889	함경도에 방곡령을 선포하다.
	1894	동학 농민 운동이 일어나다. 갑오개혁을 시행하다.
	1895	을미사변이 일어나고 을미개혁이 실시되다. 을미의병이 일어나다.
	1896	아관 파천이 일어나다. 독립 협회가 창설되다.
	1897	대한 제국을 세우다. 광무개혁을 추진하다.
	1898	만민 공동회를 개최하다. 독립 협회가 해체되다.
	1904	제1차 한·일 협약이 체결되다. 보안회와 헌정 연구회가 설립되다.
	1905	을사조약이 강제 체결되다. 을사의병이 일어나고, 대한 자강회가 설립되다.
	1907	헤이그 특사를 파견하다. 고종 황제가 강제 퇴위되고, 한·일 신협약(정미 7조약)이 체결되다. 군대가 해산되고 정미의병이 일어나다. 대한협회, 신민회가 설립되고 국채 보상 운동이 시작되다.
	1909	남한 대토벌 작전이 전개되다. 안중근이 이토 히로부미를 사살하다.
	1910	한·일 병합 강제 체결로 국권이 피탈되다. 일제 강점기가 시작되다.
	1914	대한 광복군 정부가 수립되다.
1900	1919	3·1 운동이 일어나다. 대한민국 임시 정부가 수립되다.
	1920	봉오동 전투와 청산리 대첩이 일어나다.
	1923	암태도 소작 쟁의가 일어나다. 조선 물산 장려회가 조직되다.
	1926	6·10 만세 운동이 일어나다.
	1927	신간회가 조직되다.
	1929	광주 학생 항일 운동이 일어나다. 원산 총파업이 일어나다.
	1931	만주 사변이 일어나다.
	1932	이봉창·윤봉길 의사가 의거를 일으키다.
	1940	한국광복군이 결성되다.
	1942	조선어 학회 사건이 일어나다.

	1945	8·15 광복을 맞이하다.
	1946	미·소 공동 위원회를 개최하다.
	1947	유엔 한국 임시 위원단을 구성하다.
	1948	5·10 총선거가 실시되다. 남한, 대한민국 정부를 수립하다.
	1950	6·25 전쟁이 발발하다.
	1953	휴전 협정을 조인하다.
	1960	4·19 혁명이 일어나다. 장면 내각이 성립되다.
	1961	5·16 군사 정변이 일어나다.
	1963	박정희 정부가 수립되다.(~1979)
	1965	한·일 협정이 체결되다.
1900	1972	7·4 남북 공동 성명을 발표하다. 남북 적십자 회담이 이루어지다.
		10월 유신이 일어나다.
	1973	6·23 평화 통일 선언을 발표하다.
	1979	10·26 사태가 일어나다.
	1980	5·18 민주화 운동이 일어나다.
	1981	전두환 정부가 수립되다.
	1987	6월 민주 항쟁이 일어나다. 6·29 민주화 선언을 발표하다.
	1988	노태우 정부가 수립되다.
	1993	김영삼 정부가 수립되다.
	1997	IMF 사태가 일어나다.
	1998	김대중 정부가 수립되다.
	2000	제1차 남북 정상 회담을 가지고 6·15 남북 공동 선언을 발표하다.
	2003	노무현 정부가 수립되다.
	2007	노무현 대통령이 평양을 방문해 제2차 남북 정상 회담을 가지다.
	2008	이명박 정부가 수립되다.
	2012	박근혜 정부가 수립되다.
2000	2017	박근혜 대통령이 탄핵되다.
		문재인 정부가 출범하다.

사진 출처

광주광역시 5·18 민주화운동기록관	202(여고생의 일기)
국가기록원	174(대한민국 정부 수립 선포식)
국립고궁박물관	111(순종 어차)
국립민속박물관	39(옥양목), 40(남포등, 석유통, 괘종시계, 성냥, 담배갑), 173(5·10 총선거 포스터)
국립중앙도서관	33(조선책략), 155(『개벽』 창간호)
국립중앙박물관	10(흥선대원군), 41(데니 태극기), 82(고종 어진), 101(황성신문)
김용택(김란사 후손, 김란사 추모사업회장)	113(김란사)
뉴스뱅크	121(칼을 찬 교사들), 190(수송초 학생들), 192(부정 선거 규탄 시민들, 찢어진 야당 벽보), 198(긴급조치 9호), 201(1980년 5월 15일 서울역 시위대), 202(금남로, 공수부대), 203(박종철 노제), 206(신문 보는 시민들), 207(법정에선 전두환과 노태우), 213(남북공동성명 발표)
독립기념관	41(김구 서명 태극기, 건대 학도병 태극기), 47(사발통문), 48(동학 농민 운동 기록화), 78(관민 공동회 기록화), 88(한일협약도), 102(국채 보상 운동 헌금자 명단), 105(월남 망국사), 132(독립 공채), 136(원산 총파업), 150(청산리 전투 기록화), 152(한글 서적), 153(우리말 큰사전), 154(역사 서적), 167(1945년 38도선)
몽양여운형선생기념사업회	162(여운형)
문화재청	20(부산 강서구 척화비), 37(우정총국), 51(우금치 전적비), 101(대한매일신보)
민족문제연구소	181(친일인명사전)
북앤포토	21(수월관음도), 22(혼일강리역대국도), 25(운요호), 28(강화도 회담도), 31(수신사), 34(별기군), 54(김홍집), 73(운산 금광), 81(독립신문), 84(한성은행), 110(전화 교환원), 124(군산항 쌀 수탈), 126(일본군 '위안부', 강제 징용자), 129(종로 만세 행진), 131(의정원 신년 축하식), 133(제암리 교회), 138(물산 장려 운동 포스터), 150(김좌진), 163(검열된 「그날이 오면」), 166(조선건국준비위원회), 168(광복을 맞은 서울 시민들, 서울역 광장), 171(38도선 앞 김구)
서울대학교규장각한국학연구원	29(강화도 조약 체결문), 107(구운몽), 118(한·일 병합 문서)
위키피디아	19(어재연장군기), 22(몽유도원도, 직지심체요절), 37(갑신정변 주역들), 41(태극기), 52(전봉준), 53(김개남, 손화중), 76(독립문과 영은문), 81(서재필), 83(원구단과 황궁우), 84(지계), 93(안중근, 하얼빈역 플래폼), 97(의병), 101(베델), 107(이화학당), 108(엄귀비), 109(명동 성당), 110(1899년 전차), 111(포드A형 리무진), 118(데라우치 통감), 122(동양 척식 주식회사), 177(반민특위 투서함, 최남선), 178(지가 증권), 186(공동경비구역), 194(박정희)
연합뉴스	18(외규장각 도서 반환 환영 행사), 127(수요 집회), 196(포항제철), 198(김재규), 205(이한열 노제), 215(김대중과 김정일), 216(노무현)
열화당책박물관	151(잡지 『한글』)
이화여자대학교박물관	55(군국기무소회의도)
재일본 한국YMCA 2·8독립선언 기념자료실	129(2·8 독립선언 유학생들)
전쟁기념관	175(제헌 헌법)
전태일재단	196(전태일)
중앙일보	67(고종, 단발령 공고), 153(조선어 학회)
청양군청	91(최익현 대마도 유배도)

* 이 책에 사용한 사진은 박물관과 저작권자의 허가를 받아 게재한 것입니다. 저자 및 출판사가 저작권을 가지고 있는 사진은 출처 표시를 하지 않았습니다. 허가를 받지 못한 일부 사진에 대해서는 저작권자가 확인되는 대로 게재 허가를 받고 사용료를 지불하겠습니다.

찾아보기

ㄱ

가갸날 151

가쓰라·태프트 밀약 89

간도 참변 141~142

갑신정변 36~38, 42~43, 49, 56, 58, 75, 80~81, 111

갑오개혁 51, 54~60, 67, 80

강감찬전 102

강우규 147

강화도 조약 26~30, 32~33, 38~39

개량 한옥 109

개화파 31~33, 36~37, 43, 54~55, 58, 60, 75, 114

거문도 사건 42

경복궁 15~16, 23~24, 46, 50, 54, 66, 70, 95, 113

경운궁 77, 82, 90

계엄령 193

고부 46~47, 50, 52

고종 16, 24~26, 31~32, 34~35, 37, 41, 50, 56, 65~69, 72, 76~77, 79~80, 82~83, 88~91, 93~94, 99, 106, 108, 111, 113~115

관민 공동회 78~79

관찰사 44

광무개혁 83~85

광산 채굴권 73~74

광제원 111

광주 학생 운동 165

광혜원 111

교정청 54

교조 신원 운동 45~46

교통국 132

구본신참 83, 85

국내 진공 작전 145, 147, 165

국민의 정부 208, 210

국민회군 139~140

국채 보상 운동 102, 207

군국기무처 54~56

군무도독부 139~140

군정 13~14

군포 14

궁내부 57, 60

권중현 88

금납제(금납화) 56, 57, 61

급진 개화파 32, 36~37

기기창 31

김개남 47, 51, 53

김구 41, 131, 146, 148~149, 166, 171~172, 174

김기수 30~31

김대중 197, 205~206, 208, 210, 215, 217

김상옥 148

김영삼 206~207, 210, 214

김옥균 32, 36~37, 114

김원봉 145, 147
김윤식 31~32, 36
김익상 148
김재규 198
김좌진 140, 150
김지섭 148
김홍집 30, 32~33, 36, 54~55, 68

ㄴ

나석주 148
나운규 156
나철 90
남북 기본 합의서 214
남북한 유엔 동시 가입 213
남북 적십자 회담 213~214
남연군 18
내각 책임제 193, 211
내선 일체론 125
노덕술 178
노무현 208, 210, 215~216
노태우 205~207, 210
님 웨일즈 147

ㄷ

단발령 67~68, 72
단원제 194
당백전 16
대성 학교 99~100, 108
대전회통 14

대종교 154
대통령 직선제 205, 211
대한 광복군 정부 130
대한 국민 의회 130
대한 노인단 147
대한 독립군 139~140, 150
대한매일신보 100~102, 105, 120
대한민국 임시 정부 41, 130~132, 142, 146~149, 162, 165~166, 175
대한 자강회 99
대한 제국 34, 69, 77, 79~80, 82~83, 85~89, 91, 94~96, 98, 102, 111, 118~119, 135~137
덕수궁 77, 82, 109
데라우치 통감 118~119
독립신문 75, 80~81, 100, 132
독립 협회 74~82, 85, 100
독립문 75~76, 80
동경대전 45
동양 척식 주식회사 121~122, 147~148
동학 12, 45~54, 58, 154

ㄹ

러시아 공사관 68, 72, 76~77, 82, 109

ㅁ

만민 공동회 77~78

만세보 100, 101
만주 사변 120, 125, 144, 148
명동 성당 109
명복 11
모스크바 3국 외상 회의 169~170
모화관 76
몽유도원도 22
무단 통치 119~120, 123, 130
무장 독립 투쟁 104, 139~142, 154~155
문민 정부 210
물산 장려 운동 134, 138
미국 독립사 102
미우라 고로 66~67
민립 대학 설립 운동 134
민비 34~35, 65~67, 69~71, 111
민영익 111
민영환 78, 90, 92
민족 실력 양성론 139
민족 실력 양성 운동 134, 165
민족 자결주의 128
민종식 91

ㅂ

박규수 25, 32
박문국 31
박성춘 78~79
박영효 32, 36, 41, 56, 114
박은식 153~154
박재혁 148
박정양 78

박정희 180, 194~198, 200, 210, 212~213
박제순 88, 90
박중빈 155
박흥식 176
반민 특위 176~178
반탁 운동 169~170
방곡령 44
배재 학당 106~107
백산 상회 132
베델 101~102
베트남 파병 195
별기군 31, 34
병인박해 17
병인양요 17~18, 20~21
보국안민 47
보안법 103
보안회 98
보통 경찰제 123
봉오동 전투 140
부·마 항쟁 198
부들러 43
북로 군정서군 139~140, 150, 154
북학파 25, 32
불교 유신론 155
브 나로드 운동 135
비변사 12, 23

ㅅ

3선 개헌 196~197, 211
3·15 부정 선거 192~193

3·1 운동 81, 119, 122, 124, 128, 130,
　　　　133~134, 136~139, 147, 154~155,
　　　　165, 175
38도선 166~167, 179, 184
4·19 혁명 188~190, 193, 211
10·26 사태 198, 200, 211
12사 30
12·12 사태 200~201, 207
사발통문 47
사사오입 190~191
사창제 14
산미 증식 계획 120, 123~124, 135
삼국 간섭 64~65, 71
삼군부 12
삼원보 100
삼정 13~14, 23
삼포왜란 12
상록수 155, 164
서로 군정서군 139
서원 13, 23~24
서재필 74~75, 80~81
세도 정치 11~14, 23, 69
세브란스 병원 112, 114
손병희 129
손진태 154
손화중 47, 51, 53
송병선 90
수신사 30~31, 33
수월관음도 21
시모노세키 조약 64, 71

신군부 201~203
신돌석 91~92
신문지법 103
신미양요 18~20
신민회 99~100, 104, 150
신사 참배 155
신익희 191
신채호 153~154
신탁 통치 166, 169~170
신한 청년단 128
심훈 155, 163~164

ㅇ

2·8 독립 선언 129
5·10 총선거 172~173
5·16 군사 정변 194, 207, 211
5·18 민주화 운동 202~203, 207, 218
6·3 시위 195
6·10 만세 운동 137, 165
6·29 민주화 선언 205~206
6·23 선언 213
6·25 전쟁 21, 178~179, 183, 185~187,
　　　　190~191, 212
6·15 남북 공동 선언 208, 215, 217
아관 파천 68, 72, 77, 82
아리랑 147, 156
안병찬 90
안중근 92~93
안핵사 47
암태도 소작 쟁의 136

애국 계몽 운동 80, 98, 100, 102~105, 107, 120, 150

약현 성당 109

양기탁 99

양무운동 36

양원제 193

양전 14, 84

양정 학교 100

어재연 장군 수자기 19

여운형 162, 165~166

연통제 132

영·일 동맹 89

영남 만인소 사건 33

영선사 31

영은문 75~76

오경석 25, 32

오기호 90

오산 학교 99~100, 108

오페르트 18

옥양목 39

온건 개화파 32, 36

왜양일체론 30, 33

외교론 139

용담유사 45

우금치 전투 51~53

우등불 140

우리말 큰사전 152~153

우정국 36

운요호 사건 25~26

원구단 82~83

원납전 16, 23~24

원불교 155

원산 총파업 136

원산 학사 106

월남 망국사 102, 105

위정척사 33~34, 39, 68, 91

윌슨 128

유관순 129

유길준 43, 114

유신 헌법 197~199, 211

유엔 171, 173~174, 185, 207, 213~214

유엔 한국 임시 위원단 171, 173

유인석 68

유홍기 25, 32

육영 공원 106

육전조례 14

윤봉길 148~149

윤세주 147

윤치호 134

을미개혁 67, 72

을미사변 34~35, 66~67, 71

을미의병 68

을사오적 89~90, 93

을사의병 91

을사조약 88~93, 98~100, 103

을지문덕전 102, 120

의열 투쟁 147

의열단 145, 147~148

의정부 12, 57, 60, 79

이광수 176, 178

이근명 90

이근택 88

이기붕 191~192

이륭 양행 132

이명박 208, 210

이범석 140

이병도 154

이봉창 148~149

이상설 91

이상재 134

이소응 68

이순신전 102

이승만 131, 165, 173~174, 177~178,
182~184, 186, 190~193, 196,
210, 212

이용구 118

이용태 47

이위종 91

이재명 93

이준 91

이지용 88

이토 히로부미 88, 93, 113

이화 학당 107, 113

이화원 64, 71

인내천 12, 45

일·선 동조론 125

일본군 '위안부' 126~127, 196

일진회 90, 118

임오군란 34~36, 41, 43

ㅈ

자강 개혁 75, 80

자유 민권 75, 80

자작회 134

자주독립 36, 54, 56, 75~77, 80~83,
85, 130~131, 166

자치론 123, 139

장면 내각 193

장지연 89

전두환 200~201, 203~205, 207,
210, 213

전명운 93

전봉준 46~48, 51~53

전정 13~14

전주 화약 49~50, 54

전차 운행권 73

전형필 156

전환국 31

정미 7조약 94

제국신문 100~101

제너럴 셔먼호 18

제물포 조약 35

제암리 129, 133

제폭구민 47

제헌 국회 173, 177

조만식 134, 167

조병갑 46

조병세 90

조병식 44

조봉암 191

조사 시찰단 30~31, 114

조선 건국 준비 위원회 165

조선 민주주의 인민 공화국 217

조선 상고사 153

조선책략 33

조선어 연구회 151

조선어 학회 사건 152

조·일 통상 장정 44

조·청 상민 수륙 무역 장정 43

종묘 56

지계 84

지방 자치제 207

직지심체요절 22

진단 학보 154

진단 학회 154

집강소 49

ㅊ

7·4 남북 공동 성명 213

참여 정부 208, 210

창씨개명 125

척화비 19~20

천주교 12, 17, 155

철도 부설권 73~74, 85

청산리 대첩 140

최남선 176~178

최린 178

최시형 45~46

최익현 24, 30, 33, 39, 82, 91

최제우 12, 45~46

치외 법권 27

ㅋ

카이로 회담 165

크림 반도 166

ㅌ

탁지아문 56~57

태극 서관 100

태극기 41, 76, 129

태평양 전쟁 120, 126, 146, 162, 164

톈진 기기국 31

톈진 조약 38, 49

토지 조사 사업 120, 135

통감부 88, 93, 99~100, 102~103, 105

통리기무아문 30, 35

ㅍ

파리 강화 회의 113, 128, 132

폐정 개혁 49~50

포츠담 회담 165

포함 외교 25~26

ㅎ

학회령 103

한국광복군 146, 165

한국 독립운동 지혈사 153

한규설 78

한성순보 31

한성 조약 38

한용운 155, 157

한·일 신협약 94

한흥동 100

헌병 경찰제 123

헌의 6조 79

헌정 연구회 99

혈성단 139

호포제 14, 24

혼일강리역대국도지도 22

홍계훈 35

홍만식 90

홍범 14조 56

홍범도 140, 150

홍영식 31~32, 37

환곡 13~14

황국 신민 서사 125

황국 신민화 정책 120, 125

황국 협회 80

황궁우 83

황성신문 89, 100~102, 105, 120

회사령 120, 122, 124, 134~135

흥선 대원군 10~20, 23~25, 32~33,
          35, 54, 56, 66, 69

장콩 선생님과 함께 묻고 답하는

한국사 카페 3

1판 1쇄 발행일 2008년 8월 4일
2판 1쇄 발행일 2017년 10월 2일 **2판 4쇄 발행일** 2024년 1월 22일
글 장용준 **그림** 서은경 **펴낸곳** (주)도서출판 북멘토 **펴낸이** 김태완
편집주간 이은아 **편집** 김경란, 변은숙, 조정우 **디자인** 안상준 **마케팅** 강보람, 민지원, 염승연
편집감수 김종엽 **사진진행** 북앤포토 조혜민
출판등록 제6-800호(2006. 6. 13.)
주소 03990 서울시 마포구 월드컵북로 6길 69(연남동 567-11) IK빌딩 3층
전화 02-332-4885 **팩스** 02-6021-4885
🏠 bookmentorbooks.co.kr   ✉ bookmentorbooks@hanmail.net
📷 bookmentorbooks__   f bookmentorbooks

ISBN 978-89-6319-245-1 44910
　　　978-89-6319-242-0(세트)